plurall

CB136203

Parabéns!
Agora você faz parte do **Plurall**, a plataforma digital do seu livro didático!
Acesse e conheça todos os recursos e funcionalidades disponíveis para as suas aulas digitais.

Baixe o aplicativo do **Plurall** para Android e IOS ou acesse **www.plurall.net** e cadastre-se utilizando o seu código de acesso exclusivo:

AASC25DR2

Este é o seu código de acesso Plurall. Cadastre-se e ative-o para ter acesso aos conteúdos relacionados a esta obra.

@plurallnet

@plurallnetoficial

SOMOS EDUCAÇÃO

3

INTERPRETAÇÃO DE TEXTOS

DESENVOLVENDO A COMPETÊNCIA LEITORA

WILLIAM
CEREJA

Professor graduado em Português e Linguística e licenciado em Português pela USP

Mestre em Teoria Literária pela USP

Doutor em Linguística Aplicada e Análise do Discurso pela PUC-SP

CILEY
CLETO

Professora graduada e licenciada em Português pela USP

Mestra em Linguística e Semiótica pela USP

Atual Editora

Editora Saraiva

Presidência: Mario Ghio Júnior
Direção editorial: Lidiane Vivaldini Olo
Gerência editorial: Viviane Carpegiani
Gestão de área: Noé G. Ribeiro
Edição: Daniella Szeko Zerbinatti, Fernanda Carvalho, Mônica Rodrigues de Lima e Paula Junqueira
Planejamento e controle de produção: Flávio Matuguma, Juliana Batista, Felipe Nogueira e Juliana Gonçalves
Revisão: Kátia Scaff Marques (coord.), Brenda T. M. Morais, Claudia Virgilio, Daniela Lima, Malvina Tomáz e Ricardo Miyake
Arte: André Gomes Vitale (ger.), Catherine Saori Ishihara (coord.) e Carlos Magno (edição de arte)
Diagramação: Select Editoração
Iconografia e tratamento de imagem: Denise Kremer e Claudia Bertolazzi (coord.), Camila Losimfeldt (pesquisa iconográfica) e Fernanda Crevin (tratamento de imagens)
Licenciamento de conteúdos de terceiros: Roberta Bento (ger.), Jenis Oh (coord.), Liliane Rodrigues, Flávia Zambon e Raísa Maris Reina (analistas de licenciamento)
Ilustrações: Adolar, Felipe Camêlo, Biry Sarkis, David Martins, Hélio Senatore, Ideário Lab, Jean Galvão, Jefferson Galdino, Estúdio Mil e Vanessa Alexandre
Cartografia: Eric Fuzii (coord.) e Robson Rosendo da Rocha
Design: Erik Taketa (coord.) e Adilson Casarotti (proj. gráfico e capa)
Foto de capa: Rohit Dhanaji Shinde/Shutterstock; koretskiyart/Shutterstock; George Rudy/Shutterstock

Avenida Paulista, 901, 6º andar – Bela Vista
São Paulo – SP – CEP 01310-200
http://www.somoseducacao.com.br

Dados Internacionais de Catalogação na Publicação (CIP)

Cereja, William Roberto
Interpretação de textos 1º a 5º ano / William Roberto Cereja, Ciley Cleto. -- 2. ed. -- São Paulo : Atual Editora, 2020.
(Interpretação de textos ; vol. 1 ao 5)

1. Língua portuguesa (Ensino fundamental) 2. Língua portuguesa (Ensino fundamental) I. Título II. Cleto, Ciley

20-1407 CDD 372.6

Angélica Ilacqua - CRB-8/7057

2024
Código da obra CL 801859
CAE 722390 (AL) / 722389 (PR)
ISBN 9788547237363 (AL)
ISBN 9788547237370 (PR)
OP: 247409 (AL)
2ª edição
3ª impressão
De acordo com a BNCC.

Impressão e acabamento: EGB Editora Gráfica Bernardi Ltda.

Uma publicação SOMOS EDUCAÇÃO

Apresentação

Getty Images

Caro estudante:

Você já notou como estamos rodeados por textos? Eles estão nas ruas, nos cartazes, nos letreiros de ônibus, nas placas, nos *outdoors*, nas receitas de bolo...

Também estão nas mensagens que enviamos e recebemos, nas contas para pagar, nos bilhetes deixados na mesa ou na geladeira...

Estão nos jornais, nas revistas, nos livros e na internet. Estão nas histórias em quadrinhos, nos filmes, nas canções, na pintura, nas instruções de jogo...

Os textos fazem parte da nossa vida! Saber lê-los adequadamente é poder participar ativamente da vida e do mundo.

Nós, autores, escrevemos este livro para ajudá-lo a aprender a ler de verdade e, por meio da leitura, descobrir um mundo maravilhoso que espera por você.

Nesse mundo há de tudo: de príncipes e princesas até personagens incríveis, como Menino Maluquinho, Mônica, Cebolinha, Mafalda, Suriá, Gaturro e muitos outros. Você vai se divertir muito e também vai refletir, discutir, opinar...

Com este livro, queremos ajudá-lo a crescer: crescer como leitor e crescer como pessoa!

Para começar, é fácil: basta virar esta página!

Um abraço,
Os autores

Jefferson Galdino/Arquivo da editora

SUMÁRIO

CAPÍTULO 1

Reprodução/Acervo particular

CAPÍTULO 2

Reprodução/Prefeitura Municipal de Itajaí, SC.

CAPÍTULO 3

Mandy Godbehear/Shutterstock

CAPÍTULO 4

Fabio Colombini/Acervo do fotógrafo

CAPÍTULO 5

Ricardo Borges/Folhapress

SUMÁRIO

CAPÍTULO 6

Banco de imagens/Arquivo da editora

CAPÍTULO 7

Nelson Provazi/Arquivo da editora

Jean Galvão/Arquivo da editora

Nelson Provazi/Arquivo da editora

CAPÍTULO 1

Ser criança

O que você mais gosta de fazer? Ir para a escola e ver os amigos, viajar, assistir a um bom filme ou peça teatral, dormir até mais tarde, comer seu prato favorito? O que faz você feliz?

Observe esta carteira de identidade:

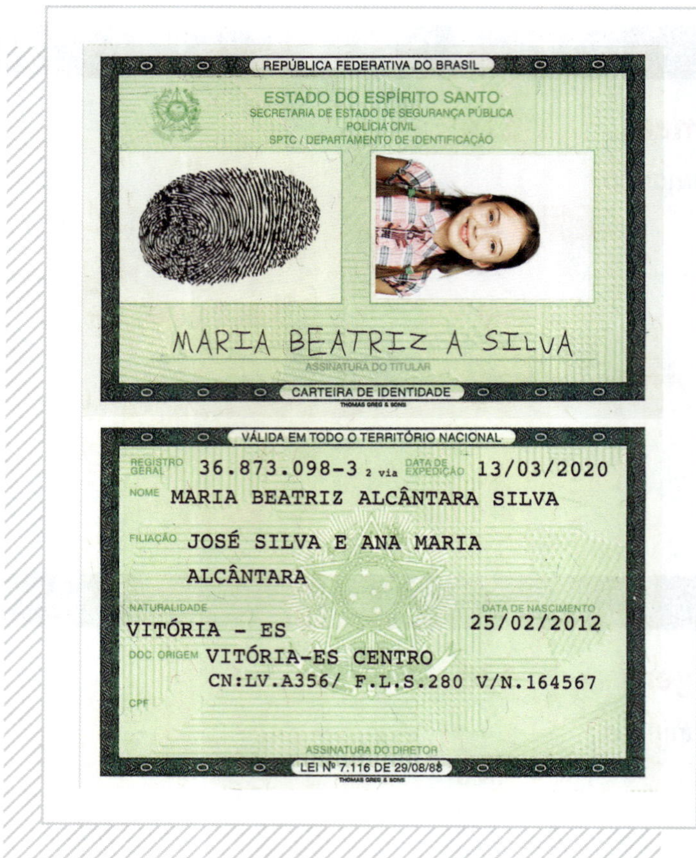
REPÚBLICA FEDERATIVA DO BRASIL
ESTADO DO ESPÍRITO SANTO
SECRETARIA DE ESTADO DE SEGURANÇA PÚBLICA
POLÍCIA CIVIL
SPTC / DEPARTAMENTO DE IDENTIFICAÇÃO
MARIA BEATRIZ A SILVA
ASSINATURA DO TITULAR
CARTEIRA DE IDENTIDADE

VÁLIDA EM TODO O TERRITÓRIO NACIONAL
REGISTRO GERAL 36.873.098-3 2 via DATA DE EXPEDIÇÃO 13/03/2020
NOME MARIA BEATRIZ ALCÂNTARA SILVA
FILIAÇÃO JOSÉ SILVA E ANA MARIA ALCÂNTARA
NATURALIDADE VITÓRIA - ES
DATA DE NASCIMENTO 25/02/2012
DOC. ORIGEM VITÓRIA-ES CENTRO CN:LV.A356/ F.L.S.280 V/N.164567
CPF
ASSINATURA DO DIRETOR
LEI Nº 7.116 DE 29/08/83

Reprodução/Acervo particular

1 Em relação à parte do documento em que há uma foto, responda:

a) Quem assina o documento?

____

b) De quem é a impressão digital abaixo da foto?

____

c) Qual é a finalidade da foto e da impressão digital?

____

2 Observe o verso do documento.

a) Qual é o número do RG (registro geral)?

____

b) Quando foi tirado?

____

c) Em qual Estado?

____

d) Por que, ao lado do número, está escrito “2 via”?

____

3 Qual é o nome:

a) do pai?

____

b) da mãe?

____

4 A menina nasceu dia 25/02/2012. Faça a conta: Quantos anos ela tinha quando tirou a carteira de identidade?

____

5 Na carteira está escrito: “Válida em todo o território nacional”.

a) O que isso significa?

____

b) Converse com o professor e os colegas. Qual é o documento que é válido em outro país?

____

6 No documento há uma foto, a impressão digital e a assinatura da pessoa.

a) Qual é a finalidade desses componentes?

____

b) A assinatura é de uma criança que está se alfabetizando ou já está plenamente alfabetizada? Responda oralmente.

7 E você? Já tirou seu RG ou passaporte?

____

DEZ LIVROS QUE VOCÊ NÃO PODE DEIXAR DE LER

Reprodução/Editora Salamandra

Reprodução/Editora Ática

- *Lili inventa o mundo*, de Mário Quintana (Global)
- *Amigos do peito*, de Cláudio Thebas (Formato)
- *A arca de Noé*, de Vinícius de Morais (Companhia das Letrinhas)
- *O reizinho mandão*, de Ruth Rocha (Quinteto)
- *Poemas para brincar*, de José Paulo Paes (Ática)
- *A maior flor do mundo*, de José Saramago (Companhia das Letrinhas)
- *Alice no país da poesia*, de Elias José (Peirópolis)
- *O menino da lua*, de Ziraldo (Melhoramentos)
- *A menina, a gaiola e a bicicleta / Céu de passarinhos*, de Rubem Alves e Carlos Brandão (Companhia das Letrinhas)
- *Rato*, de Paulo Tatit e Edith Derdyk (Melhoramentos)

Observe esta certidão de nascimento:

REPÚBLICA FEDERATIVA DO BRASIL
REGISTRO CIVIL DAS PESSOAS NATURAIS
CERTIDÃO DE NASCIMENTO
NOME

CPF

MATRÍCULA
9999999999 9999 9 9999 999 9999999 99

DATA DE NASCIMENTO POR EXTENSO | DIA | MÊS | ANO

HORA DE NASCIMENTO | NATURALIDADE

MUNICÍPIO DE REGISTRO E UNIDADE DA FEDERAÇÃO | LOCAL, MUNICÍPIO DE NASCIMENTO E UF | SEXO

FILIAÇÃO

AVÓS

GÊMEOS | NOME E MATRÍCULA DOS GÊMEOS

DATA DO REGISTRO POR EXTENSO | NÚMERO DA DNV/DECLARAÇÃO DE NASCIDO VIVO

AVERBAÇÕES/ANOTAÇÕES À ACRESCER

ANOTAÇÕES DE CADASTRO

TIPO DOCUMENTO	NÚMERO	DATA EXPEDIÇÃO	ORGÃO EXPEDIDOR	DATA DE VALIDADE
RG				
PIS/NIS				
Passaporte				
Cartão Nacional de Saúde				

TIPO DOCUMENTO	NÚMERO	ZONA/SEÇÃO	MUNICÍPIO	UF
Título de Eleitor				

CEP Residencial			Grupo Sanguíneo	

• As anotações de cadastro acima não dispensam a parte interessada da apresentação do documento original, quando exigido pelo órgão solicitante ou quando necessário para identificação de seu portador.

NOME DO OFÍCIO
OFICIAL REGISTRADOR
MUNICÍPIO/UF
ENDEREÇO
TELEFONE
E-MAIL

O conteúdo da certidão é verdadeiro. Dou fé.
Data e Local:

Assinatura do Oficial

1 Converse com o professor e os colegas. Quem fornece a certidão de nascimento?

____

2 No documento está escrito: "Registro civil das pessoas naturais". O que significa **pessoas naturais**?

____

____

3 Compare o texto do registro geral com o da certidão de nascimento.

a) Marque o que há em comum entre os dois:

- [ ] nome
- [ ] CPF
- [ ] data de nascimento
- [ ] naturalidade
- [ ] sexo
- [ ] número de registro
- [ ] filiação
- [ ] nome dos avós

Reprodução/Acervo particular

b) Qual é a finalidade dos dois documentos?

____

____

____

Exercícios

Leia a sinopse do filme a seguir.

Leia a sinopse

Os passarinhos mais mal-humorados do planeta estão de volta em uma nova aventura. Desta vez, os Angry Birds terão que se unir aos seus inimigos mortais, os Porcos, para evitar que uma outra espécie de inimigos invada a sua ilha. Além da turminha já conhecida do primeiro filme, Red, Bomba, Chuck, Matilda e Terence, neste filme os bebezinhos também vão aprontar muita confusão! Classificação indicativa livre, contém violência fantasiosa.

Duração: 97 min
Diretor: Thurop Van Orman, John Rice
Distribuidora: Columbia Tristar
Gênero: Animação
Classificação: Livre

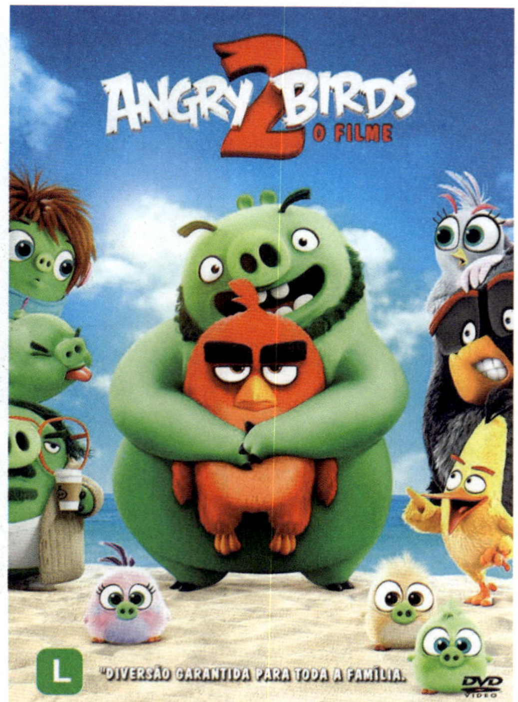

Reprodução/Sony Pictures

(Disponível em: https://www.cinemark.com.br/filme/angry-birds-2?gclid=CjwKCAjw29vsBRAuEiwA9s-0B4beRkIMgtudHR6d4CRdntx5rcjIHadFKBHbQK17vjiW31eufBScoRoCiocQAvD_BwE. Acesso em: 12/12/2019.)

1 Pelas características do texto, percebe-se que ele é:

a) uma carta.
b) um panfleto.
c) uma sinopse de filme.
d) uma ficha técnica do filme, com a lista dos participantes.

2 O texto tem a finalidade de:

a) criticar os pontos falhos do filme.
b) apresentar os pontos fundamentais da história.
c) comentar as partes menos interessantes do filme.
d) comentar os pontos negativos da obra.

3 O assunto do texto é indicado, principalmente, para o público:

a) infantil.

b) adulto.

c) feminino

d) masculino.

Leia o texto a seguir e responda às questões 4 e 5.

Passarada/Brasken

4 De acordo com o texto, ganha um audiolivro com as músicas e as histórias contadas a pessoa que:

a) visitar a IV Bienal Internacional do Livro de Alagoas.

b) comprar qualquer livro da coleção Letras & Sons.

c) comprar os quatro livros da coleção Letras & Sons.

d) pedir o audiolivro no estande da Braskem.

5 A finalidade do texto é:

a) estimular os contadores de histórias a divertir as crianças.

b) estimular a compra de uma coleção de livros infantis.

c) estimular as crianças a ler e ouvir histórias.

d) convidar crianças para conhecer Maceió.

Leia a tira a seguir, de Laerte, e responda às questões 6 e 7.

© Laerte/Acervo da cartunista

(*Folha de S.Paulo*, 4/12/2004.)

6 O humor da tira está no fato de:

a) Úrsula querer tocar piano com delicadeza e sentimento.

b) Úrsula não perceber que, por ser uma elefanta, nunca poderá ser delicada tocando piano.

c) a professora ensinar uma elefanta.

d) os palhaços ficarem cansados.

7 A finalidade da tira é:

a) divertir o leitor.

b) ensinar o leitor.

c) relatar como é uma aula de piano.

d) divulgar o ensino de música.

Leia a receita do Menino Maluquinho e responda às questões 8 e 9.

Beijinhos de coco

(receita para 15 docinhos)

INGREDIENTES

1 XÍCARA DE CHÁ DE AÇÚCAR

1 XÍCARA DE CHÁ DE COCO RALADO (RALADO NA HORA, DE PREFERÊNCIA)

MARGARINA PARA UNTAR

CONFEITOS PRATEADOS

© Ziraldo Alves Pinto/Acervo do cartunista

MODO DE FAZER

1 – Misture o açúcar e o coco ralado até obter consistência de enrolar.

2 – Faça bolinhas com as mãos untadas de margarina. Ponha 1 confeito prateado no centro de cada beijinho.

3 – Coloque-as em forminhas de papel branco ou prateado.

SUGESTÃO

Se desejar formar pequenas maçãs, utilize um pincel pequeno e pinte a lateral do docinho com anilina especial para doces ou use suco de beterraba para dar a tonalidade de maçã madura.

(Ziraldo. *O livro de receitas do Menino Maluquinho.* São Paulo: Melhoramentos, 2002. p. 33.)

8 O texto é:

a) uma notícia.

b) uma receita.

c) um cartaz.

d) uma propaganda.

9 O texto tem como finalidade:

a) informar quais são as qualidades do beijinho de coco.

b) ensinar a fazer beijinhos de coco.

c) estimular a compra de beijinhos de coco.

d) alertar sobre os riscos de comer beijinhos de coco.

Leia o texto a seguir e responda às questões 10 e 11.

(Ziraldo. *O livro dos primeiros socorros do Menino Maluquinho*. São Paulo: Melhoramentos, 2005.)

10 O título do texto é "Perigos da cozinha". Quando a chapa do fogão e a panela estão quentes, a criança pode:

a) cozinhar mais rápido.

b) queimar a comida.

c) se queimar.

d) se incomodar com o calor.

11 Quando o cabo de uma panela está voltado para fora do fogão, o que pode acontecer?

a) A criança pode não alcançar.

b) O conteúdo da panela pode cair sobre a criança.

c) O cabo da panela atrapalha quem passa.

d) O cabo da panela pode ficar queimado.

Leia esta tira:

(*Suriá contra o dono do circo*. São Paulo: Devir/Jacarandá, 2003. p. 13.)

12 Suriá e a mãe estão:

a) na peixaria.

b) no supermercado.

c) visitando um aquário.

d) no mar.

13 O humor da tira está no fato de:

a) a mãe não saber responder à pergunta de Suriá.

b) o peixe maior não saber responder à pergunta do menor.

c) os peixes acharem que os seres humanos estão presos em um aquário.

d) os seres humanos acharem que os peixes estão presos em um aquário.

Leia o poema a seguir.

Meu poeminha

Quero escrever um poeminha
bonito como as estrelas,
colorido como as rosas.
Meu poeminha, bem de leve,
voaria então da minha alma,
como as andorinhas voam
procurando o azul do céu.
Meu poeminha, sussurrando,
correria como a fonte,
águas tão brancas, fresquinhas,
passando por entre as flores.

Meu poeminha lembraria
as asas da borboleta
pousando, leve, no lírio
e um beija-flor encantado
diante da rosa vermelha.
Se eu não souber escrever
tanta palavra difícil,
como fonte sussurrando,
estrela no céu brilhando,
lírio e rosa vermelhinha,
eu pego um papel em branco
e desenho meu poeminha.

(Celina Ferreira. *Papagaio Gaio* (*poeminhas*). Ilustrado por Humberto Guimarães. São Paulo: Formato, 1998. p. 8.)

Biry Sarkins/Arquivo da editora

14 Quem fala no poema é:

a) uma criança.

b) um adolescente.

c) um adulto.

d) um idoso.

15 A pessoa que fala no poema quer escrever um poeminha:

a) breve.

b) encantador.

c) colorido.

d) sério.

16 A palavra **poeminha**, no diminutivo, indica:

a) que o poema é muito pequeno.

b) que o poema é sem muita graça.

c) carinho ao falar do poema.

d) que o poema tem poucas palavras.

17 O trecho "Se eu não souber escrever / tanta palavra difícil" indica que a pessoa:

a) quer escrever o poema com palavras difíceis.

b) domina a escrita.

c) não domina a escrita.

d) não domina totalmente a escrita.

18 Caso a pessoa que fala no poema não consiga escrever, ela vai se expressar com:

a) palavras.

b) gestos.

c) mímicas.

d) desenhos.

Leia a pintura, de Constância Nery, e responda às questões 19 e 20.

Energia (1991).

19 Na pintura, o que as crianças estão fazendo?

a) Brincando de roda.

b) Brincando de esconde-esconde.

c) Brincando de cabra-cega.

d) Brigando na hora do intervalo.

20 O tema ou o assunto da pintura é:

a) violência.

b) infância.

c) escola.

d) leitura.

Leia esta piada:

A menina pergunta para a mãe:
— Mãe, posso dar banho no gato?
A mãe responde:
— Claro que pode, filha.
Depois que a menina deu banho no gato, ela disse pra mãe:
— Mãe! O gato morreu!
— Você sabia que ele não gostava de água — disse a mãe.
A filha explicou:
— Mas não foi a água que matou o gato! Foi na hora de torcer ele!

(Paulo Tadeu. *As melhores piadas para crianças*. São Paulo: Matrix, 2007. p. 25.)

Biry Sarkis/Arquivo da editora

21 O gato morreu porque:

a) não gostava de água.

b) tomou banho.

c) a menina torceu o gato.

d) a mãe deixou a menina dar banho no gato.

22 O texto serve para:

a) ensinar como vivem os gatos.

b) divertir os leitores.

c) fazer um convite.

d) ensinar regras de um jogo.

23 A piada é um texto que circula:

a) de forma escrita.

b) de forma oral (falada).

c) de forma oral ou escrita.

d) de forma escrita, apenas em livros.

24 Na piada, há falas que são do narrador e falas que são dos personagens. Marque a fala que não é do narrador:

a) A menina pergunta para a mãe:

b) – Claro que pode, filha.

c) A mãe responde:

d) A filha explicou:

25 Para introduzir a fala dos personagens, são empregados no texto:

a) o sinal de dois-pontos, seguido de travessão.

b) a vírgula, seguida de travessão.

c) o ponto de exclamação, seguido de dois-pontos.

d) o ponto, seguido de dois-pontos.

CAPÍTULO 2

Ser educado, ser amado

"Pega isso aqui logo, eu já falei!" "Eu já mandei você calar a boca!" "Anda logo, babaca!" Ouvimos frases como essas quase todos os dias. São frases mal-educadas, de quem conhece pouco sobre gentileza e educação. Será que tratar as pessoas dessa forma faz a vida ser melhor?

O cartaz a seguir faz parte de uma campanha comunitária. Leia-o.

Reprodução/Prefeitura Municipal de Itajaí, SC.

(Disponível em: https://itajai.sc.gov.br/. Acesso em: 16/12/2019.)

1 O que se comemora no dia 25 de setembro?

____

2 Qual é o objetivo da campanha?

____

3 Em que município foi feita a campanha?

____

4 A quem se dirige a campanha?

____

5 Qual é a finalidade da campanha?

____

6 Reveja a imagem.

a) Onde os dois carros estão?

____

b) O que significam os sinais:

Fotos: Reprodução/Prefeitura Municipal de Itajaí, SC.

____

____

Releia a frase:

Reprodução/Prefeitura Municipal de Itajaí, SC.

7 **Via de mão dupla** significa que os carros circulam nos dois sentidos da mesma rua. Responda oralmente: Qual é o sentido da frase "Gentileza no trânsito é uma via de mão dupla." no texto?

8 Na sua opinião, as pessoas são gentis no trânsito? Por quê? Troque ideias com os colegas.

TEXTO E INTERTEXTO

Leia o texto a seguir, de Rosely Sayão.

Você é gentil ou malcriado?

Suzanne Tucker/Shutterstock

Quando se relaciona com outras pessoas, com crianças como você ou com adultos como seus pais, costuma ser mais gentil ou mais malcriado?

Não existe ninguém 100% gentil ou 100% malcriado, mas já deve ter percebido que há pessoas que são mais gentis e há as que são mais malcriadas quando se relacionam com os outros.

E você sabe o que é ser malcriado: é responder aos outros com rispidez, com braveza e até com xingamentos. Eu vejo crianças chamarem alguns colegas de "idiota". Você também já viu, não é?

Ah! Também já viu adultos se xingarem de nomes bem peludões no trânsito e até mesmo gritarem muito bravos com alguém que falhou em alguma coisa.

Mesmo que haja um bom motivo para reações desse tipo, não é legal. Já sentiu vergonha ao estar com adultos que se comportam de modo malcriado? Eu já!

E ser gentil, sabe o que é? É tratar os outros com delicadeza, com bons modos e com boa educação. E não são só os outros que você conhece. Ser gentil é tratar bem todo mundo com quem cruzar: pessoas desconhecidas no clube e no shopping, funcionários que trabalham na sua casa e na escola, por exemplo.

Vou contar uma coisa: a vida seria muito melhor se as pessoas fossem mais gentis do que malcriadas umas com as outras.

Pedir desculpas quando esbarra em alguém ou empurra sem perceber, pedir "por favor" para a funcionária da escola ou de casa fazer algo que é obrigação dela, perguntar ao colega por que ele está triste, convidar outro que está sozinho para brincar... Todas essas são atitudes que deixam os outros se sentindo bem ao seu lado.

Você será mais amado se agir assim.

O mundo das pessoas adultas está malcriado demais... E são pessoas como você — as crianças — que podem ajudar a mudar isso, sabia?

(Disponível em: https://www1.folha.uol.com.br/colunas/quebracabeca/2014/05/1448807-voce-e-gentil-ou-malcriado.shtml. Acesso em: 10/12/2019.)

rispidez: característica de ser rude, desagradável, duro.

1. A autora do texto, Rosely Sayão, se dirige a quem?

____

2. Qual é o assunto principal do texto?

____

____

3. Qual é a finalidade do texto?

- [ ] Contar casos relacionados com a boa ou má educação das pessoas.
- [ ] Orientar as crianças sobre como se relacionar bem com outras pessoas.
- [ ] Criticar as pessoas mal-educadas.

4. Ligue cada comportamento à pessoa gentil ou à pessoa mal-educada:

- xingar as pessoas com palavrões
- cumprimentar as pessoas
- pedir "por favor" a todas as pessoas
- responder aos outros com braveza
- perguntar ao colega por que ele está triste

pessoa gentil

pessoa mal-educada

5. Na opinião da autora, há mais vantagem em ser gentil ou em ser mal-educado(a)? Por quê?

___

___

6. Releia o último parágrafo do texto.

a) Na avaliação da autora, como está o mundo dos adultos?

___

b) Por que, na opinião da autora, as crianças podem ajudar a mudar o mundo?

___

___

c) Você concorda com a opinião da autora sobre os adultos e as crianças? Por quê?

___

___

7. Você é educado com as pessoas com as quais convive? Conte para os colegas como são suas atitudes.

PALAVRAS EM CONTEXTO

1 No trecho "Também já viu adultos se xingarem de nomes bem peludões no trânsito", que sentido tem a expressão **nomes bem peludões**?

____

2 No trecho "Não existe ninguém 100% gentil ou 100% malcriado", que sentido tem a expressão **100%**?

____

3 Releia este trecho:

> "Vou contar uma coisa: a vida seria muito melhor se as pessoas fossem mais gentis do que malcriadas umas com as outras."

O sinal de pontuação **dois-pontos** foi empregado para:

- [ ] finalizar a frase.
- [ ] introduzir na história a fala de um dos personagens.
- [ ] iniciar a frase.
- [ ] introduzir uma explicação sobre qual é a coisa anunciada antes.

VAMOS DEBATER?

Participe com toda a classe de um debate sobre as seguintes questões.

1 Para você, o que é uma pessoa bem-educada? E mal-educada?

2 Por que uma criança se torna mal-educada?

3 O papel de educar bem uma criança cabe à escola ou à família?

4 Como você falaria com seu vizinho, caso ele fizesse muito barulho?

REGRAS BÁSICAS DE UM DEBATE

Debater não é brigar. Assim, para participar de modo educado e gentil de um debate, siga estas regras:

- Escute o que seu colega está falando, sem interrompê-lo.
- Fale quando chegar a sua vez.
- Respeite as opiniões diferentes das suas.
- Não seja agressivo com palavras e gestos.

Exercícios

Leia os quadrinhos a seguir.

(Ziraldo. *Curta o Menino Maluquinho*. São Paulo: Globo, 2006. p. 23.)

Agora responda às questões 1 a 4.

1 O Menino Maluquinho está bravo porque:

a) é domingo e ele não pode brincar.

b) está chovendo e ele não pode brincar fora de casa.

c) tem que montar um quebra-cabeça.

d) quebrou o vaso da sua mãe.

2 No 3º quadrinho, por estar com raiva, o garoto:

a) chuta o pé da mesa em que há um vaso.

b) monta um quebra-cabeça.

c) xinga porque não gosta de domingo.

d) fica olhando a chuva pela janela.

3 A consequência do que o garoto fez no 3º quadrinho é:

a) a chuva não para.

b) ele faz um programa diferente no domingo.

c) a mesa cai e o vaso quebra.

d) ele não sai para brincar.

4 No último quadrinho, o quebra-cabeça dele é:

a) brincar de figurinha na sala.

b) refazer um quebra-cabeça que ganhou de presente.

c) colar os cacos do vaso que se quebrou.

d) colar os vidros da janela da sala.

O texto a seguir descreve como são os pinguins. Leia-o e responda às questões 5 a 7.

Descobrimos que na barriga dos pinguins o alimento fica separado em duas partes. Os pedaços menores são guardados para os filhotes e a outra parte segue para o estômago do pinguim. Mas, se faltar comida para o filhote, os pais podem regurgitar a parcela digerida que haviam separado para si mesmos.

Os pinguins têm cores diferentes no corpo: uma preta e uma branca. Isso serve para se disfarçarem e enganarem os predadores. Quando estão na água, não os vemos direito por causa das suas costas pretas. Quando estão em terra firme, se estiverem de frente, com o peito à mostra, ficam camuflados na neve branca.

(Laura, Tamara e Marininha Klink. *Férias na Antártica*. 2. ed. São Paulo: Peirópolis, 2014. p. 50.)

Vladislav T. Jirousek/Shutterstock

5 Onde ficam separados os alimentos dos pinguins?

a) No estômago.

b) Nos pés.

c) Nas costas.

d) Na barriga.

6 Os pinguins regurgitam a comida no caso de:

a) faltar alimento para os filhotes.

b) faltar água para os filhotes.

c) os filhotes morrerem.

d) ocorrer nascimento de novos filhotes.

7 As cores preto e branco dos pinguins servem para que eles:

a) andem no escuro.

b) andem na neve.

c) se protejam dos predadores.

d) consigam nadar melhor.

Leia o texto a seguir.

Brinquedo do mês

Boneca

Muito tempo atrás, lá no Egito, já faziam bonecas de barro. Tem índios brasileiros que também fazem bonecos de barro. Antigamente, se faziam bonecas de pano, de madeira e até de sabugo de milho. A Emília e o Visconde de Sabugosa, das histórias de Monteiro Lobato, são bonecos feitos em casa, de pano e de sabugo de milho. Nos últimos anos começaram a aparecer bonecos para os meninos brincarem. Eles são geralmente super-heróis. Para as meninas, surgiram as "bonecas mocinhas", com vestidos para trocar, com casinhas e automóveis para brincar de gente grande.

(Ruth Rocha. *Almanaque Ruth Rocha*. São Paulo: Ática, 2005. p. 57.)

Heinz-Dieter Falkenstein/imageBROKER/Fotoarena

Em todos os lugares as crianças brincam com bonecas.

Agora responda às questões 8 a 11.

8 Antes se faziam bonecas de:

a) barro, madeira e pano.

b) sabugo de milho e pano.

c) barro, pano, madeira e sabugo de milho.

d) pano, madeira e sabugo de milho.

9 A Emília e o Visconde de Sabugosa, personagens de obras de Monteiro Lobato, são bonecos feitos de:

a) madeira (Emília) e pano (Visconde).

b) barro (Emília) e madeira (Visconde).

c) pano (Emília) e sabugo de milho (Visconde).

d) sabugo de milho (Emília) e barro (Visconde).

10 De acordo com o texto, nos últimos anos surgiram:

a) "super-heróis" para as meninas e "bonecas mocinhas" para os meninos.

b) "super-heróis" para os meninos e "bonecas mocinhas" para as meninas.

c) "super-heróis" para as meninas e os meninos.

d) "bonecas mocinhas" para os meninos e as meninas.

11 O assunto do texto é:

a) brinquedos.

b) Monteiro Lobato.

c) crianças.

d) super-heróis.

Leia o poema a seguir.

A Perereca

Quem será que inventou
a palavra: Perereca?
Um nome tão comprido
pra um bicho tão pequeno,
tão ligeiro e tão sapeca.
Pequeno, pequenininho,
bem menor do que a irmã
nem tão ligeira e tão sapeca,
e com nome de só duas letras:
Rã.

(Carlos Rodrigues Brandão. *Abecedário dos bichos que existem e não existem*. Campinas/São Paulo: Autores Associados, 2008. p. 80.)

Agora responda às questões 12 e 13.

12 O poema compara:

a) o nome de dois anfíbios.

b) o nome ao tamanho de dois anfíbios.

c) o tamanho de dois anfíbios.

d) a rapidez de dois anfíbios.

13 O assunto do poema é:

a) o meio ambiente.

b) dois anfíbios e o nome deles.

c) os animais.

d) nomes compridos.

Leia o texto a seguir e depois responda às questões 14 a 16.

Série de TV sobre garota que vive viajando ganha nova temporada

Nalu em um dos episódios da série "Nalu pelo Mundo".

Aos sete anos, a garota Isabelle Nalu já viajou mais que muita gente grande. Desde que mal sabia falar, ela acompanha a mãe e o pai em viagens ao redor do mundo em busca das melhores ondas do planeta.

"Amo conhecer lugares diferentes. Na China, por exemplo, tinha escorpião e barata para comer", contou a menina à "Folhinha". E qual é o gosto desses insetos? "Não sei, não tive coragem. Comi só sorvete."

As andanças da família, que saiu do Brasil para percorrer mais de 20 países, viraram a série "Nalu pelo Mundo". Exibida no Multishow desde 2009, ganha nova temporada na próxima quinta (6), às 22h.

[...]

(Disponível em: https://www1.folha.uol.com.br/folhinha/2014/11/1541299-aos-sete-anos-de-idade-garota-da-a-volta-ao-mundo-em-nalu-pelo-mundo.shtml. Acesso em: 10/12/2019.)

14 Isabelle é uma criança diferente da maioria porque:

a) pega ondas desde pequena.
b) come baratas e escorpiões.
c) já viajou para países de várias partes do mundo.
d) não gosta de viajar.

15 Isabelle é:

a) brasileira.
b) chinesa.
c) francesa.
d) inglesa.

16 A série *Nalu pelo mundo*, exibida na TV:

a) é dedicada a competições de surfe.
b) trata de várias crianças que, como Isabelle, viajam pelo mundo.
c) mostra a vida de Isabelle durante as viagens da família.
d) mostra curiosidades de todo o mundo.

Leia a fábula a seguir.

O sabiá e o quero-quero

O sabiá foi falar com o quero-quero:

— Não aguento mais ouvir seus pios esganiçados. Por qualquer coisa, você arma um escândalo. Pula. Abre asas. Um palhaço!

O quero-quero ficou envergonhado. Mas sabia que não podia atender ao pedido do sabiá e ficar quieto, pois o gavião estava de olho nos seus filhotes. E o gavião era mais forte. Devia então gritar, pedindo ajuda aos outros quero-queros.

Enquanto isso, o sabiá voltou ao ninho. Encontrou a sabiá muito feliz. Os ovos tinham se quebrado, nascendo três filhotinhos.

Nesse momento ele ouviu um bater de asas. Era um gavião, descendo como uma flecha. E o sabiá não sabia o que fazer, pois logo outro gavião apareceu.

Eram dois gaviões atacando o ninho do sabiá. Um deles aproximava-se de um dos filhotes. Foi nesse momento que apareceu o quero-quero. As asas abertas. Agitado. Gritão. Nem parecia um só, mas uma dúzia. Os gaviões fugiram para uma árvore próxima.

O sabiá foi então agradecer ao quero-quero.

(Sérgio Capparelli. *30 fábulas contemporâneas para crianças*. Porto Alegre: L&PM, 2008. p. 61.)

Agora, responda às questões 17 a 23.

17 O sabiá ficou irritado com o quero-quero porque ele:

a) avançava nos seus filhotes.

b) era muito forte e gritava muito.

c) gritava muito e fazia escândalo quando avistava gaviões.

d) quando gritava, parecia que eram muitos.

18 Das palavras do sabiá dirigidas ao quero-quero, a mais agressiva é:

a) pios.

b) pula.

c) escândalo.

d) palhaço.

19 O quero-quero costuma gritar bastante, agindo de forma escandalosa, porque:

a) com sua gritaria assusta os gaviões.

b) tem medo e quer fugir dos gaviões.

c) pede ajuda para outros quero-queros.

d) é muito feliz.

20 Ao voltar para o ninho, o sabiá encontrou a sabiá e três filhotes que tinham acabado de nascer. Os gaviões se aproximaram do ninho dele para:

a) comer o quero-quero.
b) brigar com o sabiá.
c) brincar com os filhotes do sabiá.
d) capturar e comer os filhotes.

21 Quem salvou os filhotes do sabiá foi:

a) o quero-quero.
b) o sabiá.
c) o gavião.
d) outro animal.

22 Para o quero-quero, seus gritos representam:

a) uma forma de se comunicar com outras aves.
b) o último sinal de vida.
c) um meio de defesa.
d) um canto de acasalamento.

23 A lição que o sabiá aprendeu nesse dia foi a de que:

a) o quero-quero é um palhaço.
b) não devemos ser intolerantes com quem é diferente de nós.
c) os gaviões preferem os filhotes de quero-quero.
d) o sabiá é mais inteligente que o quero-quero.

Leia a placa a seguir e responda às questões 24 a 26.

Sergey Lavrentev/Shutterstock

(Disponível em: www.syndicrs.com.br/single-post/2018/11/06/Ambiente-limpo-a-educa%C3%A7%C3%A3o-do-pet-come%C3%A7a-pelo-dono. Acesso em: 13/12/2019.)

24 O animal que aparece na placa é um:

a) gato.
b) coelho.
c) cachorro.
d) macaco.

25 A placa se dirige:

a) a todos que levam seu cão para passear.

b) ao vizinho que leva seu cão para passear.

c) aos cães que andam soltos na rua.

d) aos animais sem dono.

26 A finalidade principal da placa é estimular:

a) os donos de cães a levar os animais para passear.

b) os donos de cães a manter a cidade limpa, recolhendo as fezes de seus animais.

c) os cães a não sujar as calçadas por onde passeiam com seus donos.

d) os donos de cães a manter a cidade limpa, levando seus animais para áreas com grama para fazer suas necessidades.

Observe agora esta outra placa e responda às questões 27 e 28.

Juliana Cardilli/G1

Jardim também foi alvo de campanha, que usou o bom humor como arma.

(Disponível em: http://g1.globo.com/Noticias/SaoPaulo/0,,MUL1358093-5605,00-CANSADO+DA+SUJEIRA+DOS+CACHORROS+MORADOR+FAZ+CAMPANHA+EM+RUA+DE+MOEMA.html. Acesso em: 10/12/2019.)

27 A placa é engraçada porque:

a) o cachorro está limpando suas fezes.

b) cria uma história em que o personagem principal é o cachorro.

c) o cachorro está em pé.

d) inverte a situação: o cachorro faz o que o dono deveria fazer.

28 A placa dá a entender que:

a) o dono do animal é mais mal-educado do que o próprio animal.

b) os cães precisam ser amestrados.

c) cada família deve cuidar de seu jardim.

d) os animais estão proibidos de fazer suas necessidades no jardim.

CAPÍTULO 3

Diga não ao preconceito!!!

Você já reparou como tudo na natureza é único? Um peixe não é igual a outro; uma rosa não é igual a outra; um gato não é igual a outro... Ora, por que seres humanos teriam de ser todos iguais?

Leia este texto:

Menina grava vídeo inspirador após sofrer bullying por causa de cabelo afro

Mandy Godbehear/Shutterstock

A norte-americana Promise Sawyers tem apenas 10 anos, mas já tem inspirado muitas outras garotas negras na internet. A menina gravou um vídeo inspirador após sofrer bullying por causa do cabelo afro e imagens viralizaram. “Não deixe ninguém tirar a sua alegria. Não dê esse poder a eles”, fala a garota no vídeo que já teve mais de 1,5 milhão de visualizações no Facebook.

Com o uniforme da escola em que frequenta, Promise aproveitou os minutos antes de ir para a aula para gravar um vídeo contando o que havia passado. “Ontem fui à escola com o meu cabelo natural pela primeira vez e várias pessoas fizeram muitos comentários maldosos para mim. Quando voltei para casa, conversei com a minha mãe, que falou: ‘Nunca esqueça de quem você é e de onde você veio’”, a menina fala. “Então hoje eu vou voltar para a escola com o cabelo ainda maior e melhor.”

(Disponível em: www.uol.com.br/universa/noticias/redacao/2019/09/29/menina-grava-video-inspirador-apos-sofrer-bullying-por-causa-de-cabelo-afro.htm. Acesso em: 10/12/2019.)

1 A norte-americana Promise Sawyers sofreu *bullying* na escola.

a) Converse com o professor e os amigos e responda oralmente: O que é *bullying*?

b) O que motivou o *bullying* sofrido por Promise?

____

____

c) O que fizeram para ela?

____

2 Depois do que aconteceu na escola, Promise tomou uma decisão.

a) O que ela fez?

____

____

b) Qual foi a repercussão disso?

____

____

3 Releia este trecho:

"Nunca esqueça de quem você é e de onde você veio."

a) Quem disse isso a ela?

____

b) O que ela quis dizer com isso? Responda oralmente.

4 Que frase do texto demonstra que a menina enfrentou e superou o *bullying*?

a) "Quando voltei para casa, conversei com minha mãe"

b) "Então hoje eu vou voltar para a escola com o cabelo maior e melhor."

c) "Não deixe ninguém tirar a sua alegria."

d) "Não dê esse poder a eles"

5 Responda oralmente:

a) Existem pessoas iguais?

b) Na sua opinião, é bom ou ruim haver diferenças entre as pessoas? Por quê?

c) Em caso de *bullying*, a criança deve pedir ajuda a quem?

d) Você já sofreu *bullying* ou conhece alguém que tenha sofrido? O que aconteceu? Conte para os colegas.

PALAVRAS EM CONTEXTO

1 Na frase "A norte-americana Promise Sawyers tem apenas 10 anos, mas já tem inspirado muitas outras garotas negras na internet.", o que a palavra **apenas** sugere na situação?

___

___

2 O que se entende por "as imagens viralizaram"?

___

___

3 O que é um cabelo afro?

___

___

4 Segundo o texto, a menina publicou "um vídeo inspirador". A palavra **inspirador**, na situação, quer dizer:

a) influenciador.

b) com influência de outras pessoas.

c) com inspiração de outras pessoas.

d) bem-realizado.

Leia o texto a seguir.

Mais de 60% dos jovens brasileiros acreditam que internet contribui para o *bullying*, diz estudo

Por Joanna Cataldo

GagliardiPhotography/Shutterstock

Para 66% dos jovens do Brasil, a internet contribui para o aumento da prática de *bullying*. É o que constatou a pesquisa Juventudes e Conexões, realizada pela Rede Conhecimento Social, em parceria com o Ibope Inteligência e a pedido da Fundação Telefônica Vivo. O estudo ouviu 1 440 pessoas, entre 15 e 29 anos, de todas as regiões do país e classes sociais, entre julho de 2018 e junho de 2019.

Os entrevistados tinham acessado a web semanalmente nos três meses anteriores à enquete.

De acordo com a pesquisa, lidar com o *bullying* e a agressividade que existem na internet pode aumentar o sofrimento dos jovens, especialmente daqueles que estão conectados o tempo todo. "A vítima pode ser perseguida por diversos motivos: aparência, timidez, dificuldade de fazer amigos, entre outros", explica a psicopedagoga Fernanda Siqueira. "As agressões que são vividas no dia a dia [fora da internet] são potencializadas na rede, pois é muito mais fácil agredir por um celular ou computador."

Diante desse cenário, Fernanda sugere que os jovens que sofrem *bullying* virtual procurem ajuda e não lidem com o sofrimento sozinhos. "Durante e depois de sofrer *bullying*, a pessoa precisa do apoio da família e dos amigos. Além disso, deve buscar um especialista que oriente e ajude a enfrentar as questões emocionais."

(Disponível em: https://jornaljoca.com.br/portal/edicao_impressa/138/. Acesso em: 13/12/2019.)

1 Segundo a pesquisa, a internet contribui para o *bullying*.

a) Qual é a faixa etária das pessoas entrevistadas?

____

b) De quais regiões e classes sociais do país?

____

c) Em que período?

____

2 Marque os principais motivos da agressividade e do *bullying* na internet.

- [ ] aparência
- [ ] nível social
- [ ] familiares
- [ ] linguagem
- [ ] timidez
- [ ] dificuldade para fazer amigos

3 Por que a agressividade nas redes sociais é potencializada?

____

____

____

4 Segundo a especialista Fernanda Silveira, o que o jovem deve fazer caso sofra *bullying* virtual?

____

____

5 Compare o texto "Mais de 60% dos jovens brasileiros acreditam que internet contribui para o *bullying*, diz estudo" com o texto "Menina grava vídeo inspirador após sofrer *bullying* por causa de cabelo afro". Que diferença há entre os dois textos quanto ao tipo de *bullying* praticado?

____

____

Exercícios

Leia a história em quadrinhos a seguir e responda às questões 1 a 6.

(Mauricio de Sousa. *A Turma da Mônica – Acessibilidade.*)

1 O menino tem dificuldade para se locomover com sua cadeira de rodas porque:

a) as ruas estão adequadas às pessoas com necessidades especiais.

b) as ruas não estão adequadas às pessoas com necessidades especiais.

c) as pessoas precisam procurar outros caminhos.

d) as pessoas com necessidades especiais devem evitar se locomover usando cadeiras de roda.

2 O humor da tira está no fato:

a) de o menino reclamar das ruas.

b) de Mônica ser amiga do menino e ajudá-lo a resolver o problema de locomoção que ele enfrenta.

c) de Mônica, sendo forte, conseguir erguer com facilidade a cadeira com o menino.

d) de o menino não querer a ajuda da mãe, mas aceitar a ajuda da Mônica.

3 O que significam os corações no último quadrinho?

a) Eles dão a entender que o menino ficou muito agradecido por ter sido ajudado.

b) Eles mostram que o menino se apaixonou por Mônica.

c) Eles mostram que Mônica ficou apaixonada pelo menino.

d) Eles mostram que Mônica ficou muito agradecida pela ajuda do menino.

4 O tema da história em quadrinhos é:

a) a urbanização, pois aborda problemas das grandes cidades, como a falta de espaço para lazer.

b) a ecologia, pois aborda a falta de verde nas cidades.

c) a violência, pois mostra que as crianças temem andar sozinhas nas cidades.

d) o despreparo de algumas cidades para oferecer condições adequadas às necessidades de pessoas com dificuldades de locomoção.

5 Ao dizer "Brigadão", no final da história, o menino usa uma forma de agradecimento:

a) pouco educada.

b) formal.

c) carinhosa e reveladora de proximidade.

d) que revela irritação.

6 Além de divertir, o texto tem como finalidade:

a) mostrar as dificuldades enfrentadas por crianças que circulam sozinhas nas grandes cidades.

b) mostrar às pessoas as dificuldades de locomoção dos cadeirantes em cidades não adaptadas às necessidades deles.

c) demonstrar a amizade que há entre as crianças das grandes cidades.

d) mostrar a relação que há entre mães e filhos com necessidades especiais.

Leia o gráfico a seguir.

Cresce a parcela de brasileiros que diz já ter sofrido algum preconceito

Declarou já ter sofrido preconceito por cor ou raça, em %

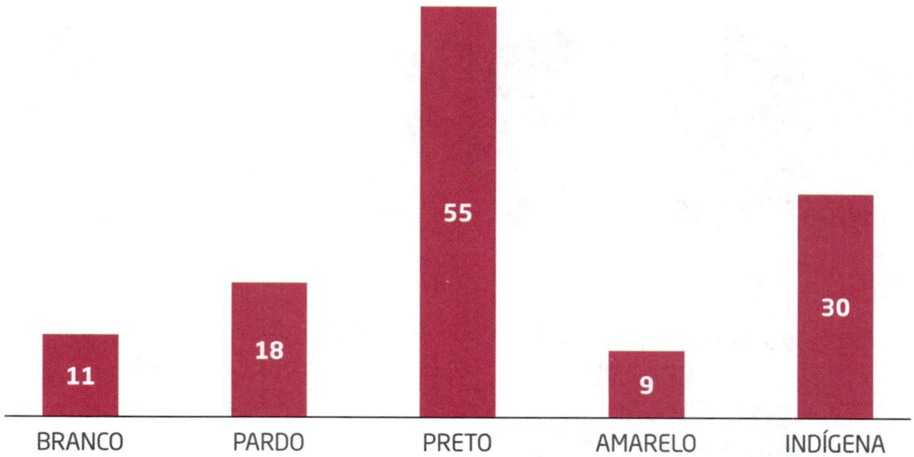

Fonte: Pesquisa Datafolha realizada em 18 e 19 de dezembro com 2.077 entrevistas em 130 municípios de todo o país (nível de confiança de 95% e margem de erro de dois pontos percentuais)

(Disponível em: www1.folha.uol.com.br/cotidiano/2019/01/cresce-a-parcela-de-brasileiros-que-diz-ja-ter-sofrido-algum-preconceito.shtml. Acesso em: 13/12/2019.)

7 O gráfico se refere ao preconceito:

a) religioso.
b) racial.
c) linguístico.
d) social.

Samuel Borges Photography/Shutterstock

8 Segundo o gráfico, quem mais sofre preconceito no Brasil é o:

a) branco.
b) pardo.
c) negro.
d) indígena.

9 Segundo o gráfico, o grupo que sofre menos preconceito é o:

a) branco.
b) pardo.
c) amarelo.
d) indígena.

Fabio Colombini/Acervo do fotógrafo

Leia o texto a seguir.

© Cazo/Acervo do cartunista

(Disponível em: http://blogfalamenino.blogspot.com.br/2013_10_01_archive.html. Acesso em: 2/12/2014.)

10 Erick é apresentado pelo amigo como um garoto especial porque "fala com as mãos". Com isso, ele quer dizer que Erick:

a) é divertido.

b) é surdo.

c) não quer falar.

d) prefere falar por sinais.

11 Bruno diz ao amigo que "ele vive falando pelos cotovelos". A expressão **falar pelos cotovelos** significa:

a) falar bem.

b) falar pouco.

c) falar demais.

d) usar os cotovelos para falar.

12 O humor da tira está no fato de:

a) os dois garotos falarem demais.

b) Bruno também falar por sinais.

c) Bruno usar a expressão **falar pelos cotovelos** com um sentido parecido ao de **falar com as mãos**.

d) Bruno e Erick falarem pelos cotovelos.

Leia a curiosidade abaixo.

Ninguém pode proibir a entrada do cão-guia!

Africa Studio/Shutterstock

A Lei nº 11.126 (2005) é clara: a pessoa com deficiência visual usuária de cão-guia tem o direito de ingressar e permanecer com o animal em todos os locais públicos ou privados de uso coletivo. Isso inclui restaurantes, táxis, ônibus, supermercados... Portanto, se você presenciar alguém tentando proibir a entrada do bichinho em algum lugar, reclame! Nossos amigos caninos podem entrar SIM!

(Disponível em: www.fundacaodorina.org.br/blog/8-curiosidades-sobre-o-cao-guia/. Acesso em: 13/12/2019.)

13 Tem o direito de ingressar e permanecer com o cão-guia a pessoa com deficiência:

a) auditiva.

b) mental.

c) de locomoção.

d) visual.

14 De acordo com a lei, os cães-guia têm permissão para entrar em locais:

a) públicos, apenas.

b) públicos ou privados de uso coletivo.

c) privados, apenas.

d) públicos e não privados.

15 Caso haja impedimento de o cão-guia permanecer nos lugares, a pessoa deve:

a) se retirar.

b) aceitar.

c) observar.

d) reclamar.

Leia o texto a seguir, com a ajuda do professor ou de um colega.

Crianças lindas!

São duas crianças lindas,
Mas são muito diferentes!
Uma é toda desdentada,
A outra é cheia de dentes...
Uma anda descabelada,
A outra é cheia de pentes!
Uma delas usa óculos,
E a outra só usa lentes.
Uma gosta de gelados,
A outra gosta de quentes.
Uma tem cabelos longos,
A outra só corta rentes.
Não queiras que sejam iguais,
Aliás, nem mesmo tentes!
São duas crianças lindas,
Mas são muito diferentes!

(Ruth Rocha. *Toda criança do mundo mora no meu coração*. Ilustrações de Mariana Massarini. 2. ed. São Paulo: Salamandra, 2014. p. 17.)

Jean Galvão/Arquivo da editora

16 O assunto principal do poema é:

a) as semelhanças entre as pessoas.

b) as diferenças entre as pessoas.

c) as desavenças entre as pessoas.

d) o preconceito das pessoas.

17 Na comparação entre as crianças, há uma característica que é comum às duas. Qual é essa característica?

a) Os gostos pessoais.

b) A beleza.

c) A boca.

d) Os cabelos.

18 A expressão **cheia de pentes**, no contexto, significa que é um cabelo:

a) com pentes pendurados.

b) sempre despenteado.

c) bem-cuidado.

d) desalinhado.

19 O poema apresenta uma rica sonoridade, criada pelas rimas. As palavras que rimam entre si em todo o poema são:

a) lindas, diferentes, desdentada, dentes.

b) desdentada, descabelada, pentes, longos.

c) lentes, longos, lindas.

d) diferentes, dentes, pentes, lentes, quentes, rentes, tentes, diferentes.

Leia os dois textos a seguir.

Texto 1

Reprodução/Prefeitura Municipal de São Paulo, SP.

Texto 2

Reprodução/Prefeitura Municipal de são Paulo, SP.

O piso tátil tem o objetivo de orientar pessoas com deficiência visual. Sua função é alertar os obstáculos existentes no caminho.

Existem dois tipos:

Piso Tátil Direcional: apresenta como relevo faixas paralelas. Ele indica o caminho que o cego deve fazer para chegar aos locais, como o metrô, por exemplo.

Piso Tátil de Alerta: caracterizado por apresentar relevos semelhantes a moedas em sua superfície. Ele indica ao usuário um obstáculo, sendo colocado de maneira transversal ao piso direcional. Pode indicar plataformas de metrô, escadas, rampas, entre outros.

(Disponível em: www.prefeitura.sp.gov.br/cidade/secretarias/pessoa_com_deficiencia/noticias/index.php?p=271655. Acesso em: 14/12/2019.)

20 As bengalas coloridas servem para identificar:

a) surdos ou cegos.
b) surdos.
c) o tipo de deficiência e o grau de deficiência visual.
d) o grau de deficiência motora.

21 O uso da bengala por pessoas com deficiência visual promove:

a) medo de andarem sozinhas.
b) insegurança nas ruas.
c) dependência de ajuda de outras pessoas.
d) segurança e independência para o deficiente.

22 Os pisos táteis servem para orientar:

a) qualquer pessoa.
b) idosos com dificuldades motoras.
c) pessoas com deficiência visual.
d) crianças pequenas.

23 O piso tátil direcional tem a função de indicar:

a) o caminho que o cego precisa percorrer.
b) rampas que estão à frente do deficiente visual.
c) plataformas de metrô próximas.
d) escadas.

24 O piso tátil de alerta tem a função de indicar:

a) relevos no chão.
b) o caminho a seguir.
c) obstáculos.
d) apenas buracos no caminho.

25 A expressão "Você sabia?" se dirige:

a) somente aos deficientes visuais.
b) somente aos pedestres.
c) principalmente aos motoristas.
d) a todas as pessoas, deficientes visuais ou não.

Leia o texto a seguir, sobre a origem da raça felina ragdoll.

Origem

Fazymazy/Shutterstock

Essa raça teve origem em 1960, em Riverside, uma pequena cidade da Califórnia (EUA). Ann Baker, criadora da raça, obteve os primeiros exemplares de uma cruza de sua gata Josephine, uma Angorá, com um macho Sagrado da Birmânia. Os gatos obtidos eram dóceis e de tamanho grande. A raça foi reconhecida na década de 70. Apesar de nos anos que se seguiram o gato ter chegado a diversos países da Europa — Inglaterra em 1969, Alemanha em 1985 e França em 1986 —, a raça Ragdoll é pouco comum fora do seu país de origem. Ainda assim, essa raça é uma das mais populares de pelo longo.

(Disponível em: www.cachorrogato.com.br/racas-gatos/ragdoll/. Acesso em: 14/12/2019.)

26 De acordo com o texto, a raça de gatos ragdoll nasceu:

a) na Birmânia.
b) nos Estados Unidos.
c) na Alemanha.
d) na França.

27 Marque a afirmativa correta:

a) Hoje a raça ragdoll está presente em todos os países.
b) O ragdoll é um gato pequeno e agressivo.
c) O ragdoll apresenta pelagem curta.
d) O ragdoll nasceu do cruzamento das raças angorá e sagrado da birmânia.

CAPÍTULO 4

Com trabalho não se brinca!

Quem é que arruma a sua cama: você ou outra pessoa?
Você costuma participar dos trabalhos domésticos? Você gosta de ajudar?
O que você acha de crianças que trabalham como adultos?
Você acha isso certo?

Observe esta imagem:

Fabio Colombini/Acervo do fotógrafo

(Disponível em: https://g1.globo.com/rn/rio-grande-do-norte/noticia/2019/06/12/mais-de-30-mil-criancas-e-adolescentes-estao-em-situacao-de-trabalho-infantil-no-rn-diz-pesquisa.ghtml. Acesso em: 17/12/2019.)

1. Quem são as personagens da fotografia?

2. Quantos anos elas aparentam ter?

3. Pela claridade da fotografia, é dia ou noite?

4. Elas estão estudando, brincando ou trabalhando?

5. Que atividade elas estão realizando?

6. Essa atividade oferece algum risco para as personagens? Por quê?

7. Responda oralmente: Como você acha que é o lugar onde elas estão?

8. Em sua opinião, por que há tanta mandioca nesse lugar?

9. O que você acha que o fotógrafo quis registrar com a foto?

TEXTO E INTERTEXTO

Leia este texto:

Campanha Mundial e Nacional de Combate ao Trabalho Infantil é lançada no Museu do Amanhã

Prefeitura Municipal/Secretaria Municipal de Assistência Social e Direitos Humanos-SMASDH

O dia 12 de junho é o Dia Mundial de Combate ao Trabalho Infantil. Na data são promovidas reflexões sobre o direito de todas as crianças à infância segura, à educação e à saúde, livres da exploração e de outras violações. Os eventos realizados ao redor do mundo têm objetivo de conscientizar a sociedade sobre os prejuízos causados pelo trabalho infantil e a necessidade de eliminá-lo do planeta.

O trabalho infantil constitui uma das mais graves violações de direitos da criança e do adolescente, pois compromete suas potencialidades físicas e mentais, limitando o direito à saúde, à educação, à convivência familiar e comunitária, e o direito de brincar.

(Disponível em: http://noticias.prefeitura.rio/assistencia-social-direitos-humanos/campanha-mundial-e-nacional-de-combate-ao-trabalho-infantil-e-lancada-no-museu-do-amanha-2/. Acesso em: 17/12/2019.)

1 Onde foi lançada a Campanha Mundial e Nacional de Combate ao Trabalho Infantil?

___

2 Qual é a finalidade da campanha?

___

3 Quais são os direitos assegurados às crianças?

___

___

4 O que o trabalho infantil causa às crianças?

___

___

5 Compare a fotografia que aparece no início deste capítulo com o texto sobre a Campanha Mundial e Nacional de Combate ao Trabalho Infantil. O que há em comum entre os dois textos?

___

___

VAMOS DEBATER?

1 Na sua opinião, há diferença entre trabalho infantil e trabalho doméstico?

2 A criança deve ajudar nas tarefas de casa? Se sim, o que ela pode fazer?

3 Na sua opinião, um adolescente de 14 anos pode trabalhar?

Exercícios

Leia o poema a seguir, de Vinícius de Morais:

O Pato

Lá vem o Pato
Pata aqui, pata acolá
Lá vem o Pato
Para ver o que é que há.
O Pato pateta
Pintou o caneco
Surrou a galinha
Bateu no marreco
Pulou do poleiro
No pé do cavalo
Levou um coice
Criou um galo
Comeu um pedaço
De jenipapo
Ficou engasgado
Com dor no papo
Caiu no poço
Quebrou a tigela
Tantas fez o moço
Que foi pra panela.

Nelson Provazi/Arquivo da editora

(*Poesia completa e prosa*. Rio de Janeiro: Aguilar, 1974. p. 370.)

1 A canção conta a história de:

a) um marreco.
b) um cavalo.
c) um pato.
d) uma galinha.

2 Ligue as duas colunas e veja quanta coisa o pato fez:

• Pintou	• a tigela
• Quebrou	• a galinha
• Levou	• o caneco
• Comeu	• um coice
• Surrou	• um pedaço de jenipapo
• Caiu	• no poço

3 No final da história, o pato:

a) engasgou.
b) brigou.
c) foi embora.
d) virou comida.

4 No texto, a expressão **pintar o caneco** significa:

a) fazer arte.
b) brincar.
c) brigar.
d) conversar.

5 Ligue as palavras que rimam entre si:

- caneco
- jenipapo
- tigela

- papo
- panela
- marreco

David Martins/Arquivo da editora

Leia a capa da revista *Turma da Mônica*.

(Disponível em: http://turmadamonica.uol.com.br/trabalhoinfantil/. Acesso em: 17/12/2019.)

6 Marque os personagens da Turma da Mônica que aparecem na capa:

a) Magali, Cascão e o motorista.
b) Mônica, Cascão, Cebolinha e Magali.
c) Cascão e os três meninos carecas.
d) Mônica, Cebolinha e a mulher adulta.

7 Os adultos do desenho são:

a) pedestre e motorista.
b) pedestres.
c) motoristas.
d) personagens da Turma da Mônica.

© Mauricio de Sousa/Mauricio de Sousa Editora Ltda.

8 Os personagens estão:

a) numa escola do bairro.
b) num *shopping* da cidade.
c) numa esquina da cidade.
d) numa rua sem saída.

9 Os três personagens carequinhas estão:

a) brincando.
b) conversando.
c) olhando o movimento da rua.
d) trabalhando.

10 Os meninos carequinhas estão:

a) ajudando na compra da senhora, vendendo doces e fazendo malabarismo no semáforo.
b) brincando com outras crianças, vendendo doces e ajudando nas compras.
c) conversando, brincando com as crianças, vendendo doces.
d) olhando o movimento, brincando e vendendo doces.

11 Observe a expressão facial da Turma da Mônica, da mulher e do motorista. Diante da situação, todos eles estão:

a) alegres.
b) indignados.
c) indiferentes.
d) contentes.

12 Na parte de baixo da capa, lemos:

A expressão **nem de brincadeira** tem o sentido de:

a) nem se trabalha com isso.

b) trabalhando com brinquedos.

c) nem se brinca com isso.

d) falando brincando.

13 O que você acha que o leitor vai encontrar quando abrir a revista?

a) Instruções de como trabalhar.

b) Textos e histórias que mostram por que a criança não deve trabalhar.

c) Textos que mostram como a criança pode trabalhar sem se machucar.

d) Histórias engraçadas sobre trabalho infantil.

Leia a anedota a seguir e responda às questões 14 a 17.

Dois ratos  num cinema e foram para a sala de . Roeram todo o rolo do filme.

Terminado o jantar um  para o outro:

—  do filme?

— Não, gostei mais do .

(Ziraldo. *As últimas anedotinhas do Bichinho da Maçã.* 10. ed. São Paulo: Melhoramentos, 2000. p. 46.)

Roberto Weigand

14 As palavras que substituem os ratinhos são, na ordem correta:

a) perguntaram — projeção — livro — gostou — entraram
b) entraram — projeção — perguntou — gostou — livro
c) livro — perguntou — entraram — projeção — gostou
d) projeção — entraram — livro — perguntou — gostou

15 O humor da anedota está no diálogo dos dois ratos. Ao perguntar "— Gostou do filme?", o primeiro rato quer saber se o outro:

a) gostou do filme a que assistiu.
b) gostou de roer o rolo do filme.
c) gostou de roer o cinema.
d) gostou de jantar no cinema.

16 Se fazemos a um colega da turma a pergunta "Gostou do filme?", queremos saber se ele:

a) gostou de ver o filme.
b) gostou de roer o rolo do filme.
c) gostou de roer o cinema.
d) gostou de jantar no cinema.

17 Pela resposta dada pelo outro rato, e pelo contexto, notamos que, para ele, a pergunta se referia:

a) ao sabor do cinema.
b) ao sabor do livro.
c) ao sabor do rolo de filme.
d) à qualidade da sala de cinema.

Leia a tira de Armandinho e depois responda às questões 18 a 20.

(Disponível em: https://tirasarmandinho.tumblr.com/post/130516892479/tirinha-original. Acesso em: 17/12/2019.)

18 Armandinho parece conversar com a:

a) amiga.

b) mãe.

c) irmã.

d) outra criança.

19 A pessoa diz a Armandinho que trabalho infantil não pode. Segundo ela, criança tem que:

a) brincar.

b) conversar.

c) trabalhar.

d) estudar.

20 Armandinho acha estranho porque:

a) algumas crianças trabalham desde cedo em certos tipos de atividade.

b) se criança pode trabalhar, por que então não há crianças trabalhando em novelas e propagandas?

c) ele entende que atuação em novelas e em propagandas não é trabalho.

d) o trabalho escolar também é proibido.

Leia a tira a seguir e responda às questões 21 a 23.

(Fernando Gonsales. *Níquel Náusea – Vá pentear macacos!*. São Paulo: Devir, 2004. p. 21.)

21 A tira se refere ao conto:

a) *Chapeuzinho Vermelho.*

b) *Rapunzel.*

c) *Branca de Neve.*

d) *A pequena sereia.*

22 O conto original narra a história de uma princesa que:

a) ficou presa na torre de um castelo.

b) dormiu profundamente depois de ter sido envenenada.

c) perdeu um sapatinho na festa.

d) foi devorada por um lobo.

23 A expressão **de novo não** demonstra que o príncipe ficou:

a) contente.

b) com saudade.

c) decepcionado.

d) com sono.

Leia o infográfico a seguir, que reúne informações sobre o trabalho infantil no Brasil.

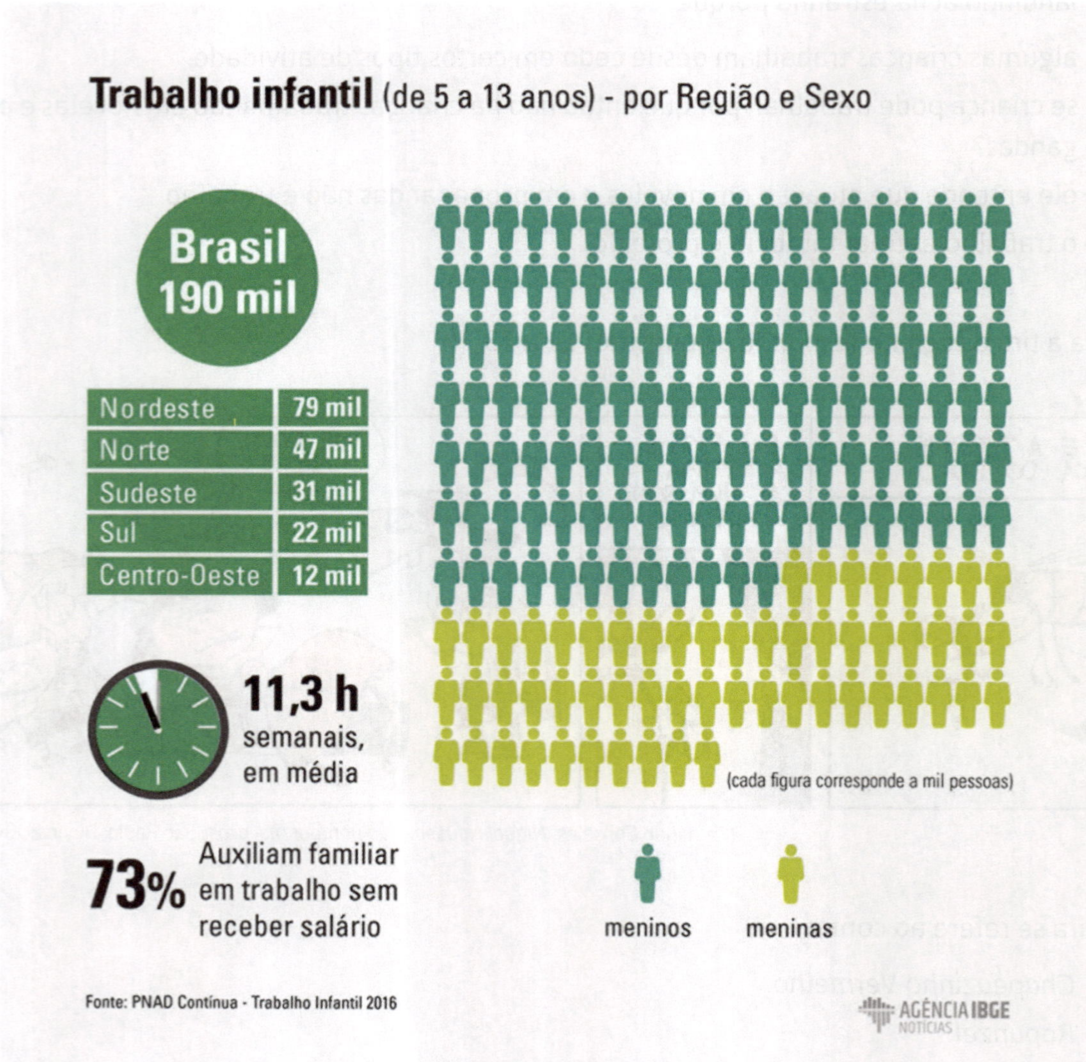

Reprodução/IBGE - Instituto Brasileiro de Geografia e Estatística

(Disponível em: https://agenciadenoticias.ibge.gov.br/agencia-noticias/2012-agencia-de-noticias/noticias/23105-numeros-caem-porem-trabalho-infantil-ainda-e-realidade-no-pais. Acesso em: 17/12/2019.)

24 A região que explora mais o trabalho infantil, de acordo com o infográfico, é o:

a) Centro-Oeste.

b) Norte.

c) Sudeste.

d) Nordeste.

25 A região que menos explora o trabalho infantil, de acordo com o infográfico, é o:

a) Centro-Oeste.

b) Norte.

c) Sudeste.

d) Nordeste.

26 Observe, abaixo, a legenda de cores no infográfico e a correspondência com o sexo das crianças.

Reprodução/IBGE - Instituto Brasileiro de Geografia e Estatística

Comparando as cores, concluímos que:

a) o número de meninos trabalhadores é maior do que o de meninas.

b) meninos e meninas trabalham igualmente.

c) o número de meninas trabalhadoras é maior do que o de meninos.

d) as crianças não trabalham no Brasil.

CAPÍTULO 5

Leitura

Você já sabe ler... Mas você já é um leitor? Você gosta de abrir os livros, olhar as imagens e começar a ler livremente, levado pelas palavras, pelas imagens e pela história? E quando é que a gente deixa de ser apenas um leitor para se tornar também um escritor?

Leia a entrevista de Ziraldo, cartunista e autor de vários livros de literatura infantil.

CRESCER: Como foi sua relação com o desenho, a leitura e a escrita durante a infância?

Ziraldo: Desde pequeno, sempre tive uma relação muito forte com o desenho. Em minhas lembranças mais antigas, eu me vejo sempre desenhando. E ainda criança imaginava que na vida adulta iria desenhar, pintar, trabalhar com algo nessa linha. À medida que fui crescendo, conheci as histórias em quadrinhos e me apaixonei pelo gênero. Isso fez com que meu desenho passasse a ser narrativo, revelando-se em quadrinhos, charges e cartoons. Essas linguagens sempre me encantaram.

Ricardo Borges/Folhapress

CRESCER: Antes de ingressar na literatura infantil, você trilhou uma boa estrada como cartunista e jornalista, teve ampla atuação em jornais e revistas. Como foi o ingresso na literatura infantil?

Ziraldo: Conforme fui trabalhando em meus cartoons e charges, comecei a gostar muito de escrever, um gosto que não aparecia com tanto destaque na minha infância. Fiz histórias em quadrinhos e criei a revista em quadrinhos *Turma do Pererê*, que era mensal e durou cinco anos (até ser extinta pela ditadura). Com essas experiências, percebi que poderia usar essa capacidade de escrever e de desenhar para fazer livros para crianças. Foi em 1969, então, que escrevi *Flicts*, meu primeiro livro para crianças. O livro teve o aval de Carlos Drummond de Andrade (na ocasião do lançamento, ele inclusive publicou uma crônica sobre a obra no jornal *Correio da Manhã*, do Rio de Janeiro), foi muito bem recebido por adultos e crianças e fez muito sucesso.

CRESCER: Onze anos depois de *Flicts*, você lançou *O Menino Maluquinho*. Com cerca de 100 edições já publicadas, o livro teve mais de 3,5 milhões de exemplares vendidos e foi traduzido para diversos idiomas. Na sua opinião, o que torna *O Menino Maluquinho* tão fascinante?

Ziraldo: Quando lancei *O Menino Maluquinho*, eu não tinha a menor ideia de que o livro teria tamanha repercussão, que um dia teria toda essa história que construiu. Acredito que o Maluquinho teve tamanho alcance nesses anos todos por despertar identificação nos leitores. As crianças leem a história e se identificam com o personagem, sentindo algo como: "Opa, isso é comigo!", "Eu sei o que ele está sentindo", "É isso que eu sinto!". [...]

CRESCER: Foi por essas e outras que, ao longo da vida, você foi dedicando cada vez mais tempo para a literatura infantil?

Ziraldo: Sem dúvida! De tudo o que fiz na vida, o que me deu a melhor resposta foram os livros infantis. Já visitei escolas do Brasil inteiro por conta dos meus livros. Não há estado para o qual eu não tenha ido. Interior de Pernambuco, de Porto Alegre, de Minas Gerais... Aonde quer que eu vá, milhares de pessoas se reúnem para me ver, contar algo, pedir autógrafo... Chego nas escolas e as crianças vêm correndo me abraçar, falar comigo... Tudo isso é muito recompensador. Fico impossível! (risos)

(Disponível em: https://revistacrescer.globo.com/Livros-pra-uma-Cuca-Bacana/Entrevistas/noticia/2015/10/entrevista-com-ziraldo.html. Acesso em: 15/12/2019.)

1 Ziraldo sempre teve uma forte ligação com o desenho.

a) À medida que foi crescendo, por qual gênero se apaixonou?

____

b) Quais são os tipos de criação que mais encantam o autor?

____

2 Ziraldo atuou muitos anos como jornalista e cartunista.

a) Qual foi a primeira revista de histórias em quadrinhos que criou?

____

b) Qual foi o primeiro livro infantil que publicou?

____

c) Que escritor famoso elogiou o livro?

____

3 O livro *O Menino Maluquinho* foi um sucesso em vendas e traduzido para diversas línguas. Segundo o autor, por que o livro *O Menino Maluquinho* é tão fascinante?

____

4 Por que Ziraldo se dedicou cada vez mais à literatura infantil?

____

____

5 Você conhece algum livro de Ziraldo? Se sim, qual(quais)? Conte a história para os colegas.

TEXTO E INTERTEXTO

Leia o texto a seguir.

Ruth Rocha, a autora

Muita gente conhece a escritora Ruth Rocha, sabe que ela nasceu em São Paulo, foi educadora, socióloga e jornalista, e que já publicou mais de 130 livros. E sabe também que defini-la como uma das autoras infantis mais queridas do Brasil é pouco...

Ruth tem o mérito de ser uma das grandes responsáveis pela renovação da literatura infantil brasileira. Ela tem um jeito de contar histórias todo singelo, cheio de humor e imaginação. As histórias são demais! Provocam, criticam, ironizam, falam de assuntos que antes eram só coisa de gente grande, e levam a criança, brincando, a refletir sobre a realidade e a desenvolver espírito crítico e criativo.

(Ruth Rocha. *Toda criança do mundo mora no meu coração.* São Paulo: Ática, 2007. p. 47.)

Fabio Guinalz/Fotoarena

1 O texto lido é uma pequena biografia.

a) Responda oralmente: O que é uma biografia?

____

____

b) Quem é o biografado?

____

2 Por que Ruth Rocha é uma autora especial?

____

____

3 O que as histórias de Ruth Rocha proporcionam às crianças?

____

____

4 Você conhece algum livro de Ruth Rocha? Se sim, conte aos colegas o que leu dela e se gostou.

Exercícios

Leia a tira a seguir.

© Armandinho, de Alexandre Beck/ Acervo do cartunista

(Disponível em: https://tirasarmandinho.tumblr.com/. Acesso em: 15/12/2019.)

1 O pai de Armandinho costuma presentear o filho com:

a) brinquedos. b) doces. c) passeios. d) livros.

2 Para o pai, os livros são sinônimos de:

a) sabedoria. b) paciência. c) atenção. d) alegria.

3 Armandinho não pode se sentir diferente depois de ter contato com livros porque:

a) se distrai na leitura.

b) não lê os livros que ganha.

c) lê todos os livros que ganha.

d) gosta de reler os livros.

Observe esta pintura:

Luis Claudio Morgilli/Acervo particular

Menina lendo (1955), Luis Claudio Morgilli.

4 Na pintura aparece uma menina sentada. A menina tem, aproximadamente:

a) 15 anos.

b) 20 anos.

c) 10 anos.

d) 5 anos.

5 Ela está lendo, provavelmente, um livro de:

a) histórias.

b) histórias em quadrinhos.

c) receitas.

d) pinturas.

6 A expressão facial e corporal da menina indica que ela está:

a) lendo de modo distraído.

b) lendo sem vontade.

c) compenetrada na leitura.

d) chateada com a leitura.

7 Leia o infográfico a seguir:

Picodi/https://moneytimes.com.br

(Disponível em: https://moneytimes.com.br/brasil-e-o-8o-pais-que-mais-le-no-mundo-veja-ranking-completo/. Acesso em: 15/12/2019.)

No infográfico, o percentual de pessoas que não leem livros é de:

a) 8%.

b) 11%.

c) 50%.

d) 31%.

8 Compare o percentual de homens e de mulheres que leem:

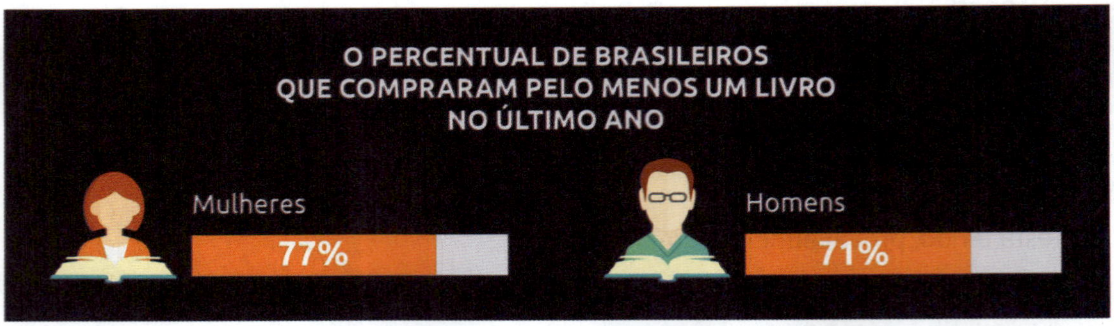

Picodi/https://moneytimes.com.br

(Disponível em: https://moneytimes.com.br/brasil-e-o-8o-pais-que-mais-le-no-mundo-veja-ranking-completo/. Acesso em: 15/12/2019.)

Conclua:

a) Os homens leem mais do que as mulheres.

b) As mulheres leem mais do que os homens.

c) Homens e mulheres leem igualmente.

d) Homens e mulheres não leem.

9 Leia este infográfico:

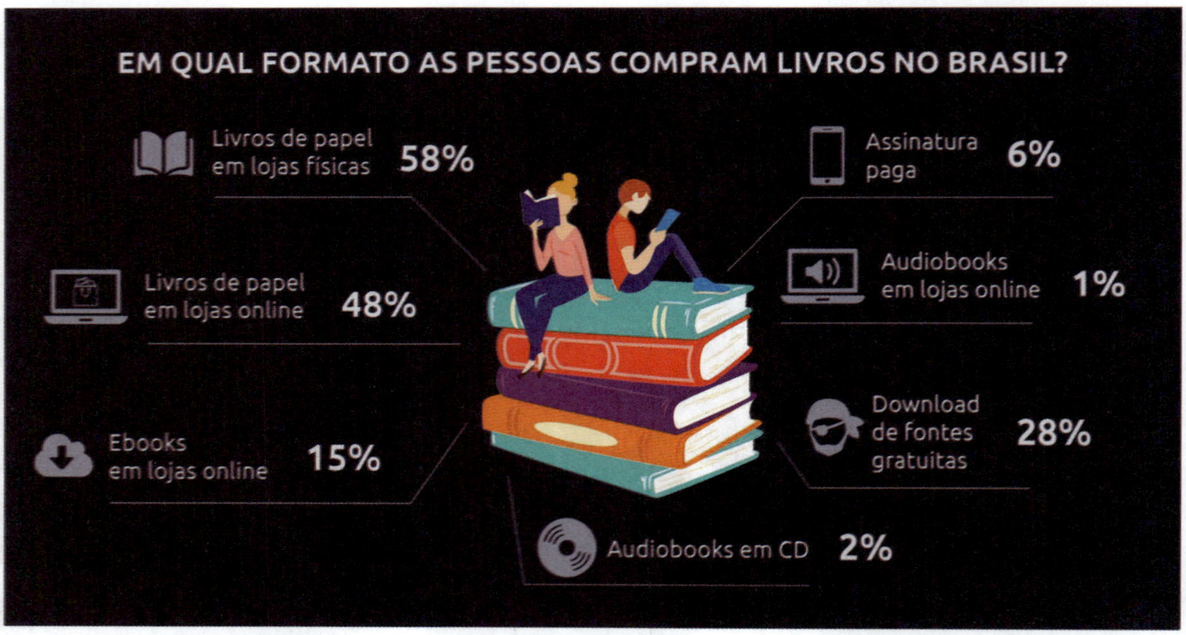

Picodi/https://moneytimes.com.br

(Disponível em: https://moneytimes.com.br/brasil-e-o-8o-pais-que-mais-le-no-mundo-veja-ranking-completo/. Acesso em: 15/12/2019.)

As pessoas, no Brasil, preferem comprar livros:

a) de papel em lojas *on-line*.

b) por assinatura paga.

c) no formato de *e-books*, em lojas virtuais.

d) de papel, em lojas físicas.

Leia o infográfico a seguir e responda às questões 10 e 11.

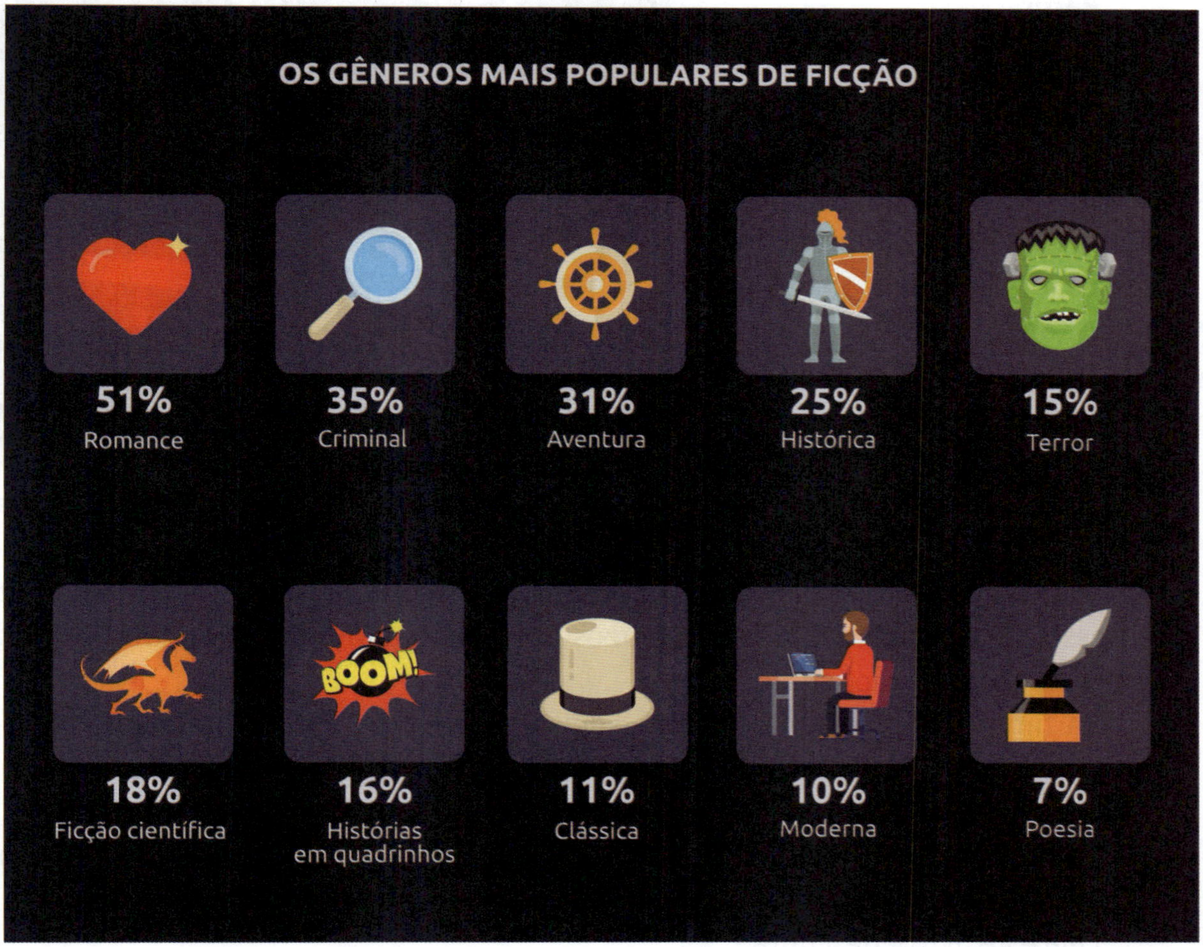

Picodi/https://moneytimes.com.br

(Disponível em: https://moneytimes.com.br/brasil-e-o-8o-pais-que-mais-le-no-mundo-veja-ranking-completo/. Acesso em: 15/12/2019.)

10 O tipo de livro que as pessoas compram menos é:

a) romance.

b) poesia.

c) aventura.

d) terror.

11 O tipo de livro que as pessoas compram mais é:

a) terror.

b) aventura.

c) romance.

d) poesia.

Leia, a seguir, um relato de viagem de três irmãs — Laura, Tamara e Marininha Klink —, que foram com a família e alguns amigos conhecer a Antártica, no polo sul.

Partir

Rafael Neddermeyer/Fotoarena

Nascemos numa família que gosta de viajar de barco, e muito. Crescemos enquanto nosso pai construía um novo veleiro, o Paratii 2. Pessoas que nunca tinham visto um barco antes também participaram da sua construção, que aconteceu devagar, longe do mar e com muito esforço. Quando ficou pronto, tornou-se famoso pelas viagens que fez e por ser um dos barcos mais modernos do mundo. Nossa mãe sabia que o barco era seguro e que poderia levar toda a nossa família. Então pediu para irmos todos juntos numa próxima vez e nosso pai concordou! Ficamos felizes porque, finalmente, não ficaríamos na areia da praia dando tchau.

Partimos para uma longa viagem e deixamos nossos avós com saudades. Viajamos para um lugar que muitas pessoas nem imaginam como é.

[...]

Sempre nos perguntam: "O que vocês fazem lá?" "Tudo!" é a nossa resposta. É um lugar muito especial chamado Antártica. E por que é tão especial assim?

Leia este livro e descubra.

[...]

Culinária a bordo

De vez em quando, uma atividade séria, importante, pode virar brincadeira. A preparação dos alimentos a bordo é um desafio divertido. Os alimentos que embarcam para a viagem têm que ser fáceis de preparar e de guardar, devem durar bastante tempo e temos que nos preocupar com as quantidades para não faltar nem sobrar comida.

Comemos várias coisas diferentes, como comida árabe, japonesa e também brasileira. Levamos sempre ingredientes para preparar bolos e pães: farinha, fermento, sal, açúcar, manteiga, óleo, ovos. Essas coisas nunca podem faltar!

Fazíamos até coberturas e recheios para variar o bolo de laranja, por exemplo. Adoramos comer barras de chocolate e coisas feitas com chocolate. Ao ver os alimentos que trouxemos, alguém no barco disse: "Veja que coisa engraçada, aqui todas as nossas comidas são importadas... do Brasil!"

Vivemos algumas aventuras fora do barco e outras dentro dele. Gostamos de inventar comidas e deixar a cozinha toda bagunçada com panelas, garfos e pratos sujos. Depois lavamos a louça e limpamos o chão. Essas atividades fazem parte da nossa rotina. Assim como alguns pequenos "acidentes", como bolos um pouco queimados, o pudim que não endureceu ou uma explosão no forno...

(Laura, Tamara e Marininha Klink. *Férias na Antártica*. 2. ed. São Paulo: Peirópolis, 2014. p. 9 e 22.)

12 O assunto da primeira parte do texto, chamada "Partir", é:

a) a leitura do livro de viagens.
b) a ideia das autoras de fazerem uma viagem para a Antártica com a família.
c) as refeições feitas no barco pelas meninas.
d) a construção do barco para viajar.

As três irmãs e a mãe na viagem à Antártica.

13 O assunto da segunda parte, chamada "Culinária a bordo", é:

a) a viagem para a Antártica.
b) a saudade dos avós.
c) as experiências culinárias das autoras.
d) a cobertura e o recheio dos bolos.

14 O texto é parte de um **relato de viagem**, cuja finalidade principal é:

a) contar fatos reais ocorridos em viagem feita pelos narradores.
b) dar instruções de como fazer uma viagem.
c) contar uma história ficcional (inventada) sobre o tema viagem.
d) transmitir informações científicas sobre viagens no mar.

15 Releia este trecho:

Nossa mãe sabia que o barco era seguro e que poderia levar toda a nossa família. Então pediu para irmos todos juntos numa próxima vez e nosso pai concordou!

Antes, as crianças não participavam das viagens porque:

a) tinham que estudar.
b) não tinham experiência em viajar.
c) o barco não era totalmente seguro.
d) elas tinham medo de viajar.

16 A decisão final sobre toda a família participar da viagem foi:

a) do pai. b) da mãe. c) das meninas. d) dos avós.

17 Pelo relato das autoras, as longas viagens de barco são:

a) cansativas. b) imprevisíveis. c) chatas. d) prazerosas.

18 O público a que a obra se destina provavelmente é formado principalmente:

a) por especialistas na Antártica.

b) por navegantes.

c) por público infantil e adulto que se interessa por navegação e aventuras.

d) por crianças que ainda não sabem ler.

19 Considerando o que dizem as autoras sobre os alimentos levados no barco, ligue as colunas:

Os alimentos devem ser... porque...

Os alimentos devem ser...	porque...
• fáceis de guardar	• a viagem é longa.
• duradouros	• há pouco espaço.
• na quantidade exata	• comidas sempre iguais enjoam.
• variados	• não há onde comprar nem há espaço para um grande estoque.

Leia esta entrevista de um escritor mirim e responda às questões 20 a 25.

Garoto de 10 anos lança livro na Bienal do Rio

Marcia Charnizon/Acervo particular

Ricardo Valle, autor do *Negromance*.

Por que você escreveu essa história?

Do nada as ideias vieram surgindo na minha cabeça e eu comecei a escrever.

Por que assuntos do universo adulto, como vazio e existência, são temas do seu livro?

Eu sempre gostei de mitologia e filosofia, da história da humanidade e seus desdobramentos, e essas questões do vazio e da existência estão sempre aí.

Você teve ajuda de adultos para escrever o livro?

No *Bestiário* não tive ajuda nem a figura do editor. No *Necromance* tive a colaboração do Léo Acurcio, que me ajudou a formatar as ideias.

Como foi o lançamento na bienal?

Foi sensacional!

Reprodução/Editora Autografia

O que você achou do evento?

Eu adorei, quero voltar sempre. Muitos livros, pessoas e ideias em um único lugar. Fiquei absorvido pelo pavilhão verde, especialmente com a taverna do rei e a legião nerd.

A história terá uma continuação? Você pode nos adiantar algo?

Sim, terá continuação! E muitas surpresas estão por vir! Haverá novas invasões.

O que você diria para crianças que desejam colocar suas histórias no papel?

Para elas não guardarem suas fantasias na cabeça. Devem colocá-las no papel.

(Disponível em: https://jornaljoca.com.br/portal/garoto-de-10-anos-lanca-livro-na-bienal-do-rio/. Acesso em: 15/12/2019.)

20 O texto lido é:

a) uma reportagem.
b) uma notícia.
c) uma entrevista.
d) um texto de opinião.

21 Segundo Ricardo Valle, o autor, as ideias do livro *Bestiário* surgiram:

a) com planejamentos da escrita.
b) com a ajuda do editor.
c) com a ajuda dos pais.
d) sem planejamentos da escrita.

22 O escritor mirim trata, no seu livro, de temas pouco comuns em obras infantis, como:

a) vazio e existência.
b) fantasia e vazio.
c) aventuras e surpresas.
d) surpresas e fantasia.

23 O autor avaliou o evento na Bienal como:

a) cansativo.
b) organizado.
c) sensacional.
d) bom.

24 O conselho que o autor dá para as crianças é de que:

a) não escrevam tudo o que vem à cabeça.
b) as ideias precisam estar bem-organizadas na cabeça.
c) escrever é para adultos e não para crianças.
d) as crianças não devem guardar suas fantasias na cabeça, mas devem colocá-las no papel.

25 O autor comenta: "Haverá novas invasões.". É possível concluir que se trata de um livro de:

a) terror.
b) amor.
c) aventuras.
d) humor.

CAPÍTULO 6

S.O.S. Meio ambiente!

Você já pensou que cada um de nós pode contribuir, mesmo que pouco, para proteger a natureza? Economizando água e luz, não jogando lixo no chão, protegendo a fauna e a flora, não fazendo queimadas na mata... E você? Está fazendo a sua parte?

Leia o infográfico a seguir.

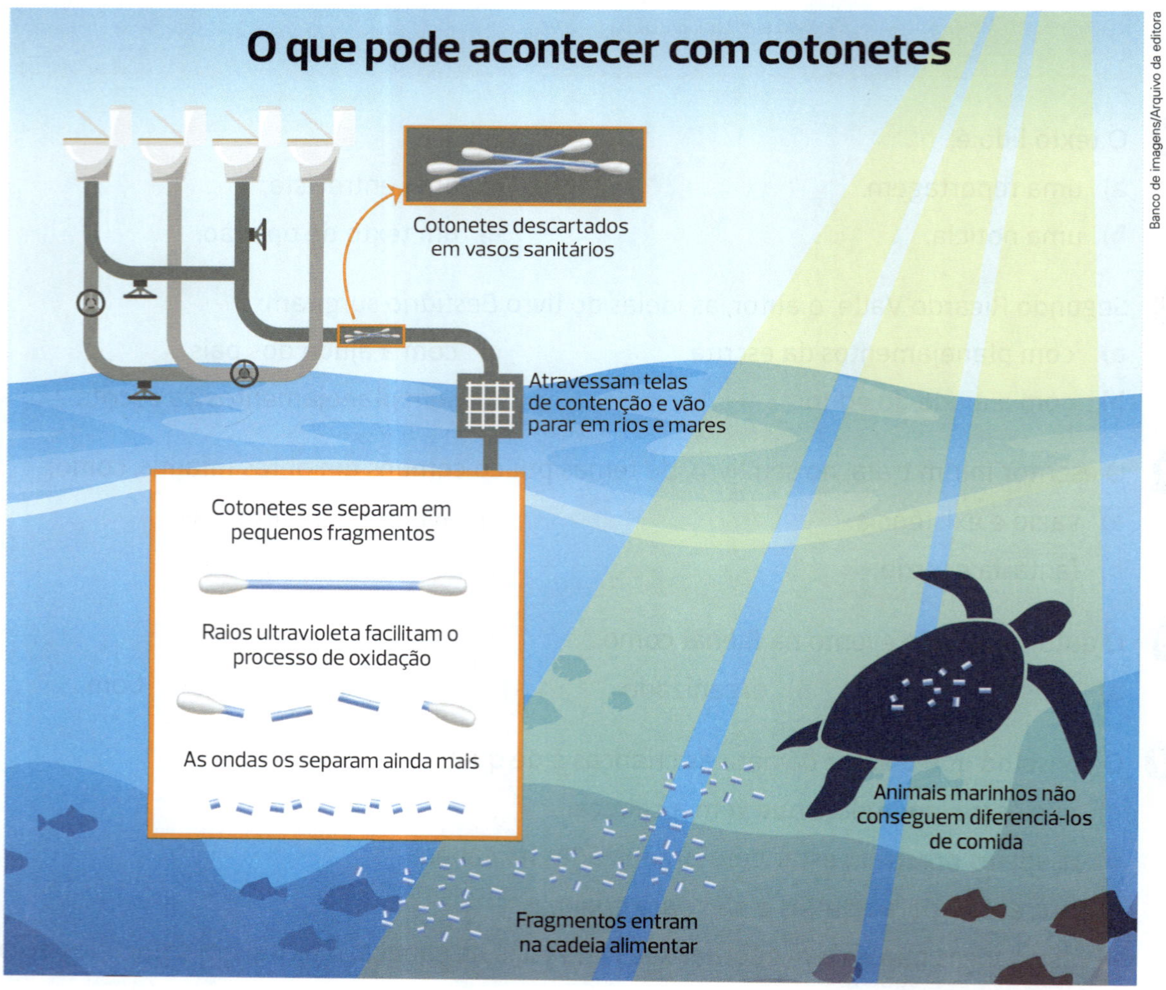

(Fonte: https://brasilescola.uol.com.br/curiosidades/tempo-decomposicao-lixo.htm. Acesso em: 17/12/2019.)

1 De acordo com o texto, para onde vão os cotonetes que são jogados no vaso sanitário?

____

2 Por que os animais marinhos não conseguem diferenciar alimentos de cotonetes?

____

3 Imagine: O que pode causar, aos animais marinhos, a ingestão de fragmentos de cotonetes?

____

4 Converse com o professor e os colegas e responda oralmente:

a) Que outros materiais são jogados nas ruas, nos rios e nos mares que prejudicam a natureza?

b) E você, procura preservar a natureza? Se sim, conte para os colegas como você faz.

TEXTO E INTERTEXTO

Leia esta tabela:

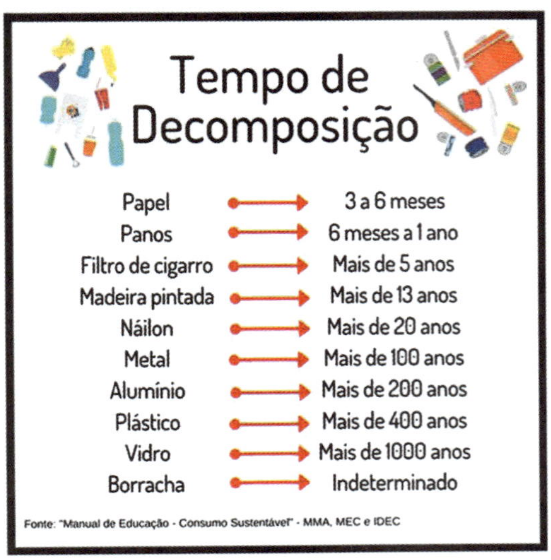

Tempo de Decomposição

Papel	→	3 a 6 meses
Panos	→	6 meses a 1 ano
Filtro de cigarro	→	Mais de 5 anos
Madeira pintada	→	Mais de 13 anos
Náilon	→	Mais de 20 anos
Metal	→	Mais de 100 anos
Alumínio	→	Mais de 200 anos
Plástico	→	Mais de 400 anos
Vidro	→	Mais de 1000 anos
Borracha	→	Indeterminado

Fonte: "Manual de Educação - Consumo Sustentável" - MMA, MEC e IDEC

Tempo de decomposição de diferentes produtos

(Disponível em: www.bbc.com/portuguese/geral-42308171. Acesso em: 16/12/2019.)

1 O que a tabela informa?

____

2 Os materiais levam um tempo diferente para se decompor na natureza.

a) Que material se decompõe mais rápido?

____

b) E quais são os dois materiais que demoram mais para se decompor?

____

3 O que se entende pela classificação **indeterminado**, em relação à borracha?

____

____

4 Não é difícil vermos objetos descartados nas ruas. Cite um objeto que você frequentemente vê nas ruas e que seja:

a) de papel.

____

b) de pano.

____

c) de borracha.

____

d) de plástico.

____

5 Compare o texto sobre a decomposição dos materiais que você acabou de ler com o infográfico dos cotonetes e responda:

a) Qual é o tema dos dois textos?

____

b) Segundo a tabela, se um cotonete de plástico for descartado na rua e, com a chuva, for levado ao mar, quanto tempo vai demorar para se decompor?

____

VAMOS DEBATER?

1 O que fazer para diminuir ou acabar com o lixo nos rios e nos mares?

2 Por que as pessoas não reciclam os materiais?

3 Quando se joga lixo nas ruas, que consequências isso pode causar para o meio ambiente?

4 Você acha que deveriam ser criados projetos ou mais campanhas de preservação do meio ambiente?

REGRAS BÁSICAS DE UM DEBATE

Debater não é brigar. Assim, para participar de modo educado e gentil de um debate, siga estas regras:

- Escute o que seu colega está falando, sem interrompê-lo.
- Fale quando chegar a sua vez.
- Respeite as opiniões diferentes das suas.
- Não seja agressivo com palavras e gestos.

Exercícios

Leia o texto a seguir e responda às questões 1 a 3.

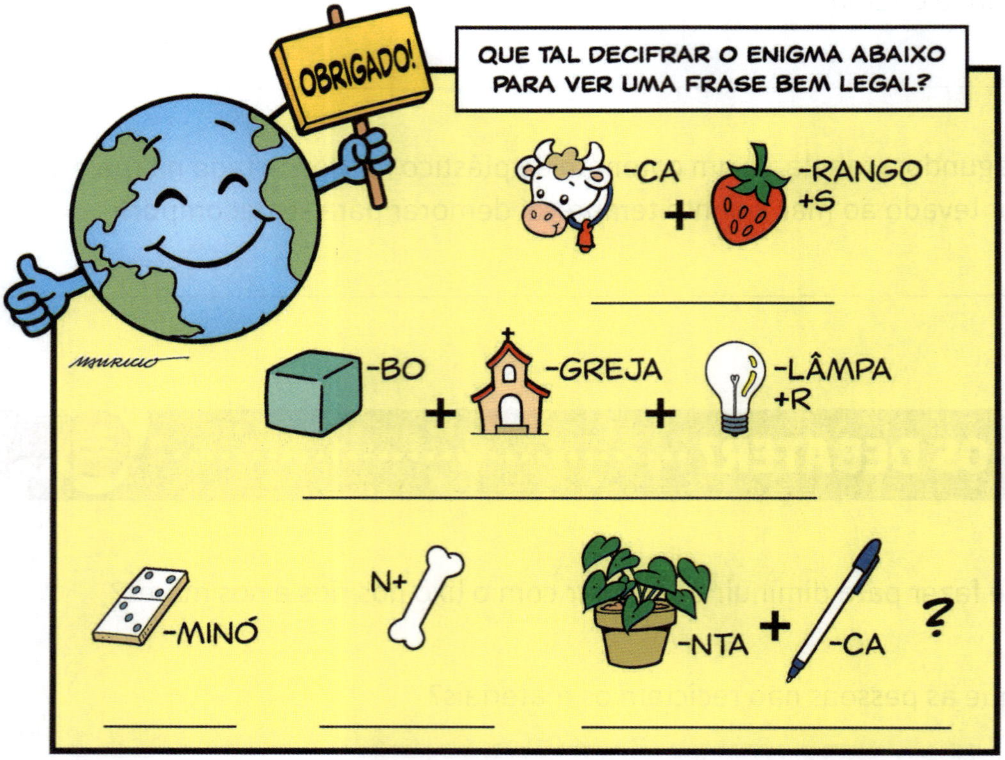

(Mauricio de Sousa. *Saiba mais! – Meio Ambiente*. São Paulo: Panini Comics, 2010. n. 34, p. 28.)

1 A frase do enigma é:

a) Vamos ao nosso planeta?

b) Vamos cuidar do nosso planeta?

c) Cuide do nosso planeta!

d) Cuide do planeta!

2 A finalidade do texto é:

a) descrever o modo de cuidar do planeta.

b) divertir e alertar as crianças sobre a importância de cuidar do planeta.

c) resolver o enigma de como cuidar do planeta.

d) ensinar a melhor forma de resolver um enigma e cuidar do planeta.

3 O assunto do texto é:

a) adivinhação de frases.

b) formação de frases com desenhos.

c) meio ambiente.

d) enigmas.

Leia o folheto a seguir.

4 O folheto foi produzido:

a) pela Prefeitura de Itatiaia — Secretaria de Turismo.

b) pelos moradores de Itatiaia.

c) pelo Parque Nacional do Itatiaia.

d) pela Prefeitura de Itatiaia — Secretaria de Cultura.

5 A finalidade do folheto é:

a) vender pássaros.

b) comprar pássaros.

c) informar sobre o Parque Nacional do Itatiaia.

d) denunciar problemas no Parque Nacional do Itatiaia.

6 O folheto é dirigido:

a) apenas aos observadores de aves.

b) a todos os que visitam o Parque Nacional do Itatiaia.

c) à população da cidade de Itatiaia.

d) apenas às pessoas que vivem fora da cidade de Itatiaia.

Leia o texto do Projeto Tamar a seguir.

Banco de Imagens/Projeto Tamar

(Disponível em: www.tamar.org.br/fotos_news/images/semana-CRIANCAO-tamar-pf.jpg. Acesso em: 9/12/2019.)

7 O cartaz faz parte de uma campanha do Projeto Tamar. Leia o boxe "O que é o Projeto Tamar?". Responda: O cartaz se destina, principalmente:

a) às crianças.

b) aos adultos.

c) aos pescadores.

d) aos turistas.

8 O objetivo principal da campanha é:

a) convencer os pescadores a deixar de pescar tartarugas marinhas.

b) alertar os pescadores sobre o fato de que as tartarugas marinhas estão em extinção.

c) avisar aos pescadores que as tartarugas morrem afogadas.

d) convencer os pescadores a deixar de usar redes a fim de preservar a vida das tartarugas marinhas.

O QUE É O PROJETO TAMAR?

Banco de Imagens/Projeto Tamar

A palavra **Tamar** é formada a partir das sílabas iniciais das palavras **tartarugas** e **marinhas**.
O projeto nasceu em 1980, com o objetivo de ajudar a preservar as tartarugas marinhas do litoral brasileiro. Na época, elas estavam em risco de extinção por causa da captura acidental em atividades de pesca, da matança das fêmeas e da coleta de ovos na praia.
Hoje o Tamar protege cerca de 1 100 quilômetros de praias, está presente em 25 localidades em 9 Estados brasileiros e solta ao mar cerca de 2 milhões de filhotes por ano.
Quando tiver oportunidade, não deixe de visitar uma unidade do Projeto Tamar.

9 O cartaz mostra, em quadrinhos, três situações. No 1º quadrinho, o pescador pretende pescar:

a) peixes.

b) tartarugas.

c) tubarões.

d) filhotes de tartaruga.

10 No 2º quadrinho, o pescador se assusta porque:

a) a rede de pesca ficou enroscada.

b) sem querer, pescou uma tartaruga marinha.

c) capturou um animal desconhecido.

d) a tartaruga marinha gritou.

11 No 3º quadrinho, a tartaruga:

a) foge do pescador, que quer comê-la.

b) xinga o pescador que a capturou.

c) agradece ao pescador por ter salvado sua vida.

d) ignora o pescador que a pescou.

12 A pesca da tartaruga aconteceu:

a) ocasionalmente.

b) intencionalmente.

c) premeditadamente.

d) insistentemente.

13 As palavras **Coff!!! Arrggg!!! Coff!!!** são onomatopeias que sugerem:

a) grito, desespero.   b) tosse, resfriado.   c) tosse, afogamento.   d) gripe.

14 As redes podem provocar a morte das tartarugas marinhas porque:

a) elas ficam presas e não podem se alimentar.

b) as redes são cortantes.

c) presas, as tartarugas não podem subir à superfície para respirar.

d) elas podem ser devoradas por animais marinhos maiores.

Na parte inferior do cartaz, no lado direito, há um quadro com o título "Atenção!". Releia-o e, depois, responda às questões 15 e 16.

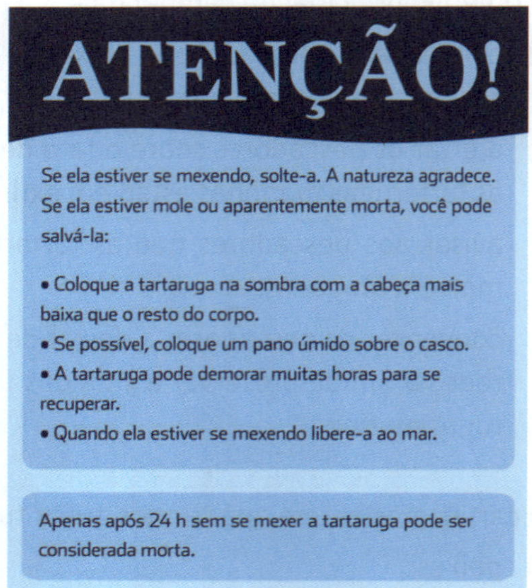

ATENÇÃO!

Se ela estiver se mexendo, solte-a. A natureza agradece. Se ela estiver mole ou aparentemente morta, você pode salvá-la:

- Coloque a tartaruga na sombra com a cabeça mais baixa que o resto do corpo.
- Se possível, coloque um pano úmido sobre o casco.
- A tartaruga pode demorar muitas horas para se recuperar.
- Quando ela estiver se mexendo libere-a ao mar.

Apenas após 24 h sem se mexer a tartaruga pode ser considerada morta.

Banco de Imagens/Projeto Tamar

15 Essa parte do texto:

a) informa sobre o salvamento de tartarugas marinhas.

b) dá instruções de como salvar uma tartaruga presa na rede.

c) alerta os pescadores sobre a lei de proteção ambiental.

d) explica como a tartaruga morre quando se enrosca na rede.

16 Só se tem certeza de que a tartaruga está morta quando ela:

a) fica totalmente imóvel.

b) fica imóvel por 2 horas.

c) fica imóvel por 12 horas.

d) fica pelo menos 24 horas sem se mexer.

Leia a tira a seguir.

Alexandre Beck 2333/17

© Armandinho, de Alexandre Beck/Acervo do cartunista

(Disponível em: https://tirasarmandinho.tumblr.com/. Acesso em: 15/12/2019.)

17 No 1º e no 2º quadrinho, Armandinho caminha pela praia e se sente:

a) estranho, pois está sozinho.

b) triste, porque há animais marinhos na areia.

c) feliz por estar em uma praia, em contato com a natureza.

d) inseguro, pois não há ninguém na praia.

18 No 2º quadrinho, ele diz "É tudo muito legal!" e, no último quadrinho, ele diz "Nem tudo, nem tudo..." porque:

a) há lixo jogado na areia.

b) o dia parece nublado.

c) ele caminhou muito.

d) os animais na areia atrapalham sua caminhada.

Leia o texto a seguir.

O bicho-preguiça

Dizem que o gato tem sete fôlegos e que o bicho-preguiça tem sete preguiças.

Uma vez, uma preguiça estava embaixo de uma embaúba esperando ela florescer. Quando as flores roxas viessem, a preguiça, que é muito gulosa por bananinhas de embaúba, começava a subir. Pensava que, até chegar lá em cima, já as frutas tinham vindo e estavam maduras.

Então ela foi subindo, subindo. Sete anos se passaram. Sete vezes a embaúba floresceu e frutificou. Quando a preguiça acabou a viagem e ia comer os frutos, arrebentou o galho, e ela veio para o chão que nem um bolo. Santa paciência! Voltou à árvore e começou a subir, mais sete anos.

Damsea/Shutterstock

(Henriqueta Lisboa. *Literatura oral para a infância e a juventude – Lendas, contos & fábulas populares no Brasil*. São Paulo: Peirópolis, 2002. p. 103.)

19 O bicho-preguiça é um animal:

a) feroz.

b) rápido.

c) lento.

d) distraído.

20 A repetição da palavra subindo, em "Então ela foi subindo, subindo.", indica:

a) atenção à subida.

b) lentidão na subida.

c) correria do animal.

d) medo de cair.

21 Uma passagem engraçada do texto é:

a) "Então ela foi subindo, subindo."

b) "Quando as flores roxas viessem, a preguiça, que é muito gulosa por bananinhas de embaúba, começava a subir."

c) "Quando a preguiça acabou a viagem e ia comer os frutos, arrebentou o galho, e ela veio para o chão que nem um bolo."

d) "Pensava que, até chegar lá em cima, já as frutas tinham vindo e estavam maduras."

22 O bicho-preguiça não conseguiu comer as bananinhas porque:

a) elas caíram antes da hora.

b) não estava com fome.

c) caiu da árvore.

d) desistiu de comer.

Leia o texto jornalístico a seguir.

Como preservar o meio ambiente no dia a dia?

Imgorthand/Getty Images

Já parou para se perguntar como os produtos que você utiliza todos os dias impactam o meio ambiente? Além de muitos materiais precisarem de grande quantidade de recursos naturais para ser produzidos, diversos itens podem demorar até séculos para se decompor na natureza.

Consciente desses problemas ambientais, Raphaela L., 9 anos, mantém uma lista de atitudes sustentáveis. A relação inclui, entre outras coisas, transformar potes de esmalte vazios em vasos para flores artificiais, utilizar garrafa térmica em vez de copos plásticos, usar lápis ecológicos (material que pode ser plantado quando desgasta e fica pequeno) e dar "cara" nova para roupas que ficaram pequenas.

"Às vezes, quando uma calça fica curta, minha mãe corta e transforma em *shorts*", diz. "Quando você reutiliza, economiza dinheiro e não prejudica a natureza." Jogar fora para quê? Costurar mochilas usadas, deixar borrachas sujas "branquinhas", reformar cadernos que ainda têm páginas em branco...

Essas também são algumas das ações feitas por crianças e adolescentes nas oficinas da Passarte, ONG do Rio Grande do Sul que estimula jovens a reformar materiais escolares usados.

Uma vez restaurados, os itens são doados para estudantes carentes. "Esse material que nós reaproveitamos ia para o lixo", diz Alex R., de 15 anos, que já participou da oficina. "Além disso, é muito bom ver uma criança que não tem condições de comprar material escolar recebendo uma mochila ou um caderno bonito."

(Disponível em: https://jornaljoca.com.br/portal/como-preservar-o-meio-ambiente-no-dia-a-dia/. Acesso em: 15/12/2019.)

23 Os materiais que impactam a natureza são aqueles que:

a) nunca se decompõem.

b) se decompõem rapidamente.

c) não se decompõem facilmente.

d) são próprios da natureza.

24 De acordo com o texto, materiais reciclados podem ser:

a) reaproveitados e doados.

b) descartados para não acumular lixo.

c) descartados em lixeiras apropriadas.

d) pouco aproveitáveis.

25 Raphaela tem uma lista de **atitudes sustentáveis**. Essa expressão, no contexto, significa:

a) comprar mochilas e cadernos bonitos.

b) usar *shorts* com tecido *jeans*.

c) atitudes conscientes, que ajudam a preservar o meio ambiente.

d) descartar objetos que não são utilizados.

26 É possível perceber que, para o jornal, as atitudes sustentáveis devem partir:

a) dos jovens.

b) dos adultos.

c) de todos.

d) do governo.

Leia a tira a seguir, de Laerte, e responda às questões 27 e 28.

© Laerte/Acervo da cartunista

(Disponível em: https://tirasarmandinho.tumblr.com/. Acesso em: 15/12/2019.)

27 Pelo contexto, percebe-se que as árvores estão sendo:

a) plantadas em um terreno.

b) podadas para florescer.

c) adubadas para dar frutos.

d) arrancadas, provavelmente, para ser vendidas.

28 O humor da tira está no fato:

a) de o homem querer arrancar o pinheiro, apesar de ser uma bananeira.

b) de o pinheiro se disfarçar de bananeira, para não ser arrancado.

c) de o homem arrancar uma bananeira, apesar de querer um pinheiro.

d) de uma bananeira nascer no meio de pinheiros.

CAPÍTULO 7

Esses bichos incríveis...

Você gosta de bichos? De quais bichos você mais gosta? Por quê? Você tem ou gostaria de ter algum animal de estimação em sua casa? Com os animais podemos brincar, fazer e ganhar carinho, participar de muitas aventuras juntos... Enfim, os animais são incríveis!

Leia os quadrinhos a seguir e responda às questões 1 a 6.

(Disponível em: http://www.gaturro.com/nik. Acesso em: 18/12/2019.)

1 Quais são os personagens da história?

____

2 O que, provavelmente, o homem é do gato?

____

3 Em que cômodo da casa, aparentemente, eles estão?

____

4 O homem pede a Gaturro que vá buscar o jornal.

a) A expressão facial do gato demonstra atenção ou indiferença?

____

b) Por que o homem pensa “Ai, ai, ai...”?

____

5 Observe o 4º quadrinho.

a) O que ocorre de estranho nele?

____

____

b) O que representa a onomatopeia **Tuc tuc tuc**?

____

____

6 Na sua opinião, por que Gaturro não levou o jornal para o homem? Marque as alternativas corretas, de acordo com o texto.

- [ ] Gaturro é um gato preguiçoso.
- [ ] Para o gato, um novelo de lã também serve de diversão.
- [ ] O homem tem o hábito de brincar com o novelo de lã.
- [ ] Gaturro não tem a obediência de um cachorro.

Leia o poema de Vinícius de Morais e depois responda às questões 1 a 6.

O gato

Rio de Janeiro, 1970

Com um lindo salto
Lesto e seguro
O gato passa
Do chão ao muro
Logo mudando
De opinião
Passa de novo
Do muro ao chão
E pega corre
Bem de mansinho
Atrás de um pobre
De um passarinho
Súbito, para
Como assombrado
Depois dispara
Pula de lado
E quando tudo
Se lhe fatiga
Toma o seu banho
Passando a língua
Pela barriga.

(Disponível em: http://www.viniciusdemoraes.com.br/pt-br/poesia/poesias-avulsas/o-gato. Acesso em: 18/12/2019.)

Biry Sarkins/Arquivo da editora

fatigar: cansar.
lesto: ágil, ligeiro.
súbito: de repente.

1 O que o poema descreve?

____

____

2 De que modo o gato tenta pegar sua presa? Por quê?

___

___

3 O que o gato faz quando fica cansado?

___

4 Escreva as palavras que, no poema, rimam com:

a) seguro: ___

b) opinião: ___

c) mansinho: ___

d) assombrado: ___

e) fatiga: ___

5 Leia estas palavras em voz alta:

lindo	lesto

As duas palavras começam com uma letra e um som em comum.

a) Qual é essa letra ou esse som?

___

b) Que outras palavras do poema apresentam a mesma letra e o mesmo som?

___

6 Compare o gato do poema de Vinícius de Morais com Gaturro, o gato da história em quadrinhos que você leu. Que diferença você nota entre eles? Complete as frases:

a) Gaturro é ___

b) O gato do poema é ___

Exercícios

Leia o poema a seguir, de Sérgio Capparelli, e responda às questões 1 a 5.

Amanhã

O gato queria
Agarrar a lua,
Pensando que fosse
Um novelo de lã.

Mas a lua
Nem ligava.
Tricotando
A manhã.

O rato queria
Agarrar a lua,
Pensando que fosse
De queijo parmesão.

Mas a lua
Nem ligava,
Derramando-se
Pelo chão.

O cachorro queria
Agarrar a lua,
Pensando que fosse
Um pedaço de osso.

Mas a lua
Nem sabia,
Pois bebia
Em um poço.

O urso queria
Agarrar a lua,
Pensando que fosse
Colmeia com mel.

Mas a lua
Nem sabia,
Cochilando
Pelo céu.

(*Minha sombra*. Porto Alegre: L&PM, 2006. p. 30.)

Biry Sarkis/Arquivo da editora

1 Todos os animais queriam agarrar a lua porque ela:

a) era bonita.

b) era redonda.

c) era parecida com alguma coisa importante para cada animal.

d) estava longe.

2 A lua se comportava com seus admiradores de modo:

a) indiferente.

b) ansioso.

c) curioso.

d) amigo.

3 Associe os admiradores da lua ao que cada um via nela.

gato

rato

cachorro

urso

Thinkstock/Getty Images

4 Em qual alternativa as duas palavras rimam entre si?

a) lua/chão.

b) lua/sabia.

c) fosse/parmesão.

d) lã/manhã.

5 As rimas dão ao poema:

a) musicalidade.

b) estrofes mais curtas.

c) versos longos.

d) lentidão.

Leia o texto a seguir.

JANEIRO

D	S	T	Q	Q	S	S
			1	2	3	4
5	6	7	8	9	10	11
12	13	14	15	16	17	18
19	20	21	22	23	24	25
26	27	28	29	30	31	

1 - ANO NOVO

3-CRESC. 10-CHEIA 17-MING. 24-NOVA

FEVEREIRO

D	S	T	Q	Q	S	S
						1
2	3	4	5	6	7	8
9	10	11	12	13	14	15
16	17	18	19	20	21	22
23	24	25	26	27	28	29

25 - CARNAVAL

1-CRESC. 9-CHEIA 15-MING. 23-NOVA

MARÇO

D	S	T	Q	Q	S	S
1	2	3	4	5	6	7
8	9	10	11	12	13	14
15	16	17	18	19	20	21
22	23	24	25	26	27	28
29	30	31				

8 - DIA DA MULHER
20 - INÍCIO DO OUTONO

2-CRESC. 9-CHEIA 16-MING. 24-NOVA

ABRIL

D	S	T	Q	Q	S	S
			1	2	3	4
5	6	7	8	9	10	11
12	13	14	15	16	17	18
19	20	21	22	23	24	25
26	27	28	29	30		

10 - PAIXÃO DE CRISTO
12 - PÁSCOA
21 - TIRADENTE
19 - DIA DO ÍNDIO
22 - D. DO BRASIL

1-CRESC. 7-CHEIA 14-MING. 22-NOVA 30-CRESC.

MAIO

D	S	T	Q	Q	S	S
					1	2
3	4	5	6	7	8	9
10	11	12	13	14	15	16
17	18	19	20	21	22	23
24	25	26	27	28	29	30
31						

1 - DIA DO TRABALHO
10 - DIA DAS MÃES

7-CHEIA 14-MING. 22-NOVA 30-CRESC.

JUNHO

D	S	T	Q	Q	S	S
	1	2	3	4	5	6
7	8	9	10	11	12	13
14	15	16	17	18	19	20
21	22	23	24	25	26	27
28	29	30				

11 - CORPUS CHRISTI
12 - DIA DOS NAMORADOS
21 - INÍCIO DO INVERNO

5-CHEIA 13-MING. 21-NOVA 28-CRESC.

JULHO

D	S	T	Q	Q	S	S
			1	2	3	4
5	6	7	8	9	10	11
12	13	14	15	16	17	18
19	20	21	22	23	24	25
26	27	28	29	30	31	

5-CHEIA 12-MING. 20-NOVA 27-CRESC.

AGOSTO

D	S	T	Q	Q	S	S
						1
2	3	4	5	6	7	8
9	10	11	12	13	14	15
16	17	18	19	20	21	22
23	24	25	26	27	28	29
30	31					

9 - DIA DOS PAIS

3-CHEIA 11-MING. 18-NOVA 25-CRESC.

SETEMBRO

D	S	T	Q	Q	S	S
	1	2	3	4	5	
6	7	8	9	10	11	12
13	14	15	16	17	18	19
20	21	22	23	24	25	26
27	28	29	30			

7 - INDEP. DO BRASIL
22 - INÍCIO DA PRIMAVERA

2-CHEIA 10-MING. 17-NOVA 23-CRESC.

OUTUBRO

D	S	T	Q	Q	S	S
				1	2	3
4	5	6	7	8	9	10
11	12	13	14	15	16	17
18	19	20	21	22	23	24
25	26	27	28	29	30	31

12- Nsa. Sra. APARECIDA
15 - DIA DOS PROFESSORES

1-CHEIA 9-MING. 16-NOVA 23-CRESC. 31-CHEIA

NOVEMBRO

D	S	T	Q	Q	S	S
1	2	3	4	5	6	7
8	9	10	11	12	13	14
15	16	17	18	19	20	21
22	23	24	25	26	27	28
29	30					

2- FINADOS
15 - PROCLAMAÇÃO DOA REPÚBLICA
19 - DIA DA BANDEIRA
20 - CONSCIÊNCIA NEGRA

8-MING. 15-NOVA 22-CRESC. 30- CHEIA

DEZEMBRO

D	S	T	Q	Q	S	S
	1	2	3	4	5	
6	7	8	9	10	11	12
13	14	15	16	17	18	19
20	21	22	23	24	25	26
27	28	29	30	31		

21 - INÍCIO DO VERÃO
25- NATAL

7-MING. 14-NOVA 21-CRESC. 30-CHEIA

Reprodução/Acervo particular

6 Pelas características do texto, trata-se de:

a) um cartaz.
b) um calendário.
c) um cartum.
d) uma agenda.

7 Alguns dias estão em vermelho porque são:

a) sábados.
b) dias de semana.
c) domingos e feriados.
d) domingos.

8 O dia 25 de dezembro está em vermelho porque é:

a) Natal, que é feriado.
b) sexta-feira.
c) final de semana.
d) dia de semana.

9 O objetivo principal do texto é orientar o leitor quanto:

a) aos dias da semana, às semanas e aos meses do ano.
b) aos dias dos meses, principalmente.
c) aos feriados do mês de dezembro.
d) aos dias da semana.

10 O dia **12 de outubro**, Dia da Criança, cai:

a) na sexta-feira.
b) no feriado.
c) no domingo.
d) na segunda-feira.

Leia o poema visual a seguir e responda às questões 11 a 15.

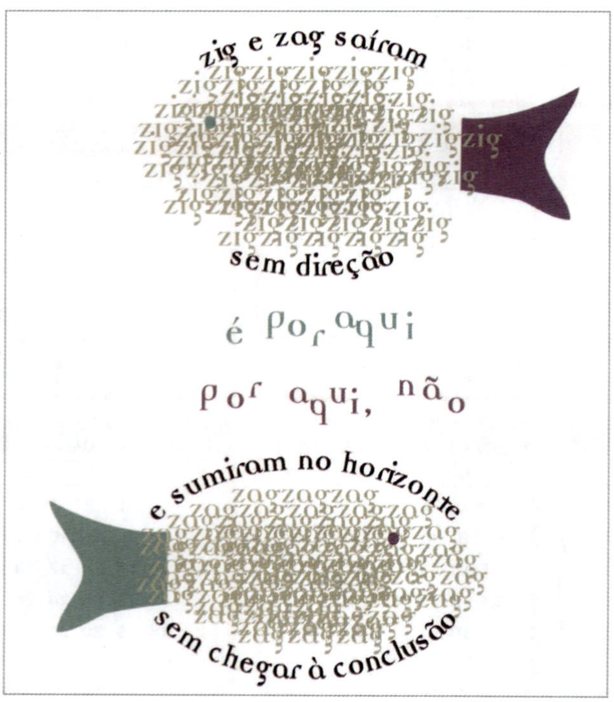

(Sérgio Capparelli e Ana Claudia Gruszinsky. *Poesia visual.* São Paulo: Global, 2001. p. 19.)

11 Na imagem que se vê no poema, aparecem dois peixes:

a) nadando na mesma direção.

b) lutando pelo mesmo espaço.

c) disputando a mesma comida.

d) nadando em direções opostas.

12 As cores, no poema, podem representar:

a) machos.

b) fêmeas.

c) fêmea e macho.

d) nem macho nem fêmea.

13 Um peixe se chama Zig, e outro, Zag. Em nossa língua, a expressão **zigue-zague** significa:

a) volta.

b) vai.

c) vai e volta.

d) vai e não volta.

14 As expressões **é por aqui** e **por aqui, não** confirmam que os peixes:

a) não sabiam para onde ir.

b) sabiam para onde iam.

c) concordaram em ir para o mesmo lugar.

d) não queriam ir para nenhum lugar.

15 As palavras que rimam no poema são:

a) sem direção/horizonte; saíram/sumiram

b) saíram/sumiram; direção/conclusão

c) chegar/conclusão; direção/sumiram

d) zig zag/direção; sumiram/conclusão

Leia o texto de curiosidade a seguir.

Nikola Tesla (1856-1943), inventor da tecnologia até hoje usada nas redes de transmissão de eletricidade, teve sua curiosidade sobre o assunto despertada aos 3 anos, ao passar a mão no seu gato, Macak. O carinho gerou faíscas, deixando-o "mudo de espanto". Seu pai explicou que aquilo era eletricidade. [...] E seria a esse tema que Tesla dedicaria toda a sua brilhante carreira, mudando o mundo.

(Texto originalmente publicado no calendário "Bichos que encantaram o mundo", Editora MOL, 2018.)

Irsan Ianushis/Shutterstock

16 O que Nikola Tesla inventou?

a) a curiosidade.

b) a transmissão da eletricidade.

c) as redes de tecnologia.

d) a transmissão das redes.

17 O que ocorreu quando ele tinha 3 anos de idade, ao passar a mão no gato?

a) Começou sua brilhante carreira.

b) Mudou o mundo.

c) O carinho gerou faíscas.

d) Dedicou-se ao seu pai.

18 Nikola, pela primeira vez, percebeu o fenômeno:

a) da tecnologia.

b) da energia dos gatos.

c) da eletricidade.

d) da transformação da eletricidade em animais.

19 Quem explicou para Nikola sobre eletricidade, pela primeira vez na vida, foi:

a) seu avô.

b) o mundo.

c) seu pai.

d) seu professor.

Leia a tira e responda às questões 20 a 23.

(Fernando Gonsales. *Cadê o ratinho do titio?* São Paulo: Devir, 2011. p. 10.)

20 A expressão **barriga tanquinho** normalmente é utilizada em:

a) clínicas veterinárias, com referência aos jabutis gordos.

b) academias de ginástica, com referência a abdômen sem gordura.

c) zoológicos, com referência a animais magros.

d) academias de ginástica, com referência a abdômen com gordura.

21 Pela postura corporal do jabuti e pela afirmação dele, é possível notar que ele se considera:

a) satisfeito com seu físico.

b) fora de forma e insatisfeito com seu abdômen.

c) acima do peso.

d) abaixo do peso.

22 Nos dois primeiros quadros não há balões porque quem fala é:

a) o jabuti.

b) a floresta.

c) um narrador.

d) a árvore.

23 No último quadrinho, a expressão facial do jabuti demonstra, em relação ao comentário sobre sua gordura, que ele está:

a) bravo.

b) decepcionado.

c) orgulhoso.

d) irritado.

Leia o texto a seguir.

Reprodução/Companhia das Letrinhas

24 Pelas características do texto, pode-se concluir que ele seja:

a) uma propaganda.
b) um panfleto.
c) um cartaz.
d) uma capa de livro.

25 Observe a palavra que está na parte superior do texto. A onça faz parte desse texto porque é um bicho:

a) bonito.
b) bravo.
c) brasileiro.
d) colorido.

26 É possível imaginar que, ao abrirmos e folhearmos esse objeto, encontraremos:

a) poemas.
b) histórias.
c) contos.
d) imagens da fauna e da flora.

Você já fez doação? Muitas entidades que cuidam de animais abandonados, que vivem nas ruas, recebem ajuda financeira das pessoas para comprar alimentos e remédios, para vacinar, etc. E, muitas vezes, a doação é feita por meio de um boleto.

Observe o boleto a seguir e responda às questões 27 a 30.

CAIXA | 104-0 | 10498.01952 .25000.156582 70000.004146 9 654700000024110

Local de pagamento
Pagável em qualquer Banco até o vencimento

Vencimento
21/2/2021

Cedente
Fundação Vira-Lata

Agência/Código cedente
1565 / 87000000414-3

Data do documento
1/2/2021

Nº documento
27.030195.10

Espécie doc.

Aceite

Data processamento
1/2/2021

Nosso número
8019525086-7

Uso do banco

Carteira
SR

Espécie
R$

Quantidade

Valor Documento

(=) Valor documento
30,00

Instruções
Boleto gerado para testes
Não receber após o vencimento

(-) Desconto / Abatimentos
(-) Outras deduções
(+) Mora / Multa
(+) Outros acréscimos
(=) Valor cobrado

Sacado
Ricardo da Silva
Rua da Penha, 900, Sorocaba, SP
CEP: 18010004

Cód. baixa

Sacador/Avalista

Autenticação mecânica - **Ficha de Compensação**

Corte na linha pontilhada

27 No boleto, qual é o nome da pessoa que está fazendo a doação?

a) Caixa.
b) Fundação Vira-Lata.
c) Ricardo da Silva.
d) Penha.

28 Qual é o nome do beneficiado?

a) Caixa.
b) Fundação Vira-Lata.
c) Ricardo da Silva.
d) Penha.

29 O valor da doação é de:

a) 20,00.
b) 30,00.
c) 40,00.
d) 50,00.

30 Nos boletos, o código de barras é utilizado para:

a) reconhecer o comprador.
b) reconhecer o material comprado.
c) identificar o banco.
d) efetuar o pagamento eletrônico.

CAPÍTULO 8

Lição de amor

Como você mostra que gosta de alguém? Dando beijo? Dizendo que ama? Fazendo carinho? O amor é um sentimento que se manifesta pelos olhos, pelos gestos, pelo sorriso e também... pelas palavras.

Leia este poema, de Ziraldo:

Tem gente
que anda na moda;
tem gente
que faz tudo certo;
tem gente
que acha não ser
politicamente correto
chamar uma moça de tia
se ela não é tia,
de fato.
O menininho da escola
chama de tia sua mestra;
e a madame na feira
vira tia pro feirante;
pro menino no sinal
vendendo bala
e chiclete,
quem vai ao volante
é tia.
E não há quem tenha
tantas tias
como o pivete,
correndo e atropelando
outras tias pela rua.
Por que implicar
com esse modismo
se ele é apenas
o lado melhor
de todos os lados
de que somos feitos?
No fundo, no fundo,
o que quer todo mundo
é receber carinho
(desde que nasce:
no berço ou no colo).
Eis que passa o tempo
e desaprendemos
como é acarinhar.
Tia, me entenda:
te chamo de tia
– sem nem perceber –
assim como quem
só quer reaprender
como é que se ama.

(*O grande livro das tias*. São Paulo: Melhoramentos, 2012. p. 63.)

Nelson Provazi/Arquivo da editora

1 Segundo o poema, “tem gente / que acha não ser / politicamente correto / chamar uma moça de tia / se ela não é tia”.

a) O que quer dizer **politicamente correto**?

____

____

____

b) Por que tem gente que não gosta de ser chamada de tia ou de tio?

____

____

____

2 De acordo com o poema, quem é chamado de tia:

a) na escola? ____

b) na feira? ____

c) no sinal? ____

3 Releia este trecho:

> “E não há quem tenha
> tantas tias
> como o pivete,
> correndo e atropelando
> outras tias pela rua.”

a) Qual é, provavelmente, a atividade do pivete?

____

b) Por que o pivete corre e atropela muitas tias?

____

____

4 De acordo com o poema:

a) O que quer uma pessoa que chama outra de tia?

____

b) Qual é a causa de as pessoas desaprenderem a acarinhar?

____

5 O pedido "Tia, me entenda" indica que todas as pessoas gostam de ser chamadas de tia?

____

____

6 Chamar alguém de tia "sem nem perceber" significa que quem faz isso:

- [ ] tem o hábito de chamar as mulheres de tia.
- [ ] jamais chama as mulheres de tia.

7 De acordo com o poema, o que uma pessoa quer expressar e quer receber quando chama outra de tia?

____

8 Você tem o hábito de chamar de tia pessoas que não são suas tias? Se sim, conte para os colegas:

a) Quais são as pessoas que você chama desse modo? Por que as chama assim?

b) Como essas pessoas reagem?

PALAVRAS EM CONTEXTO

1 Releia este trecho do poema:

> O menininho da escola
> chama de tia sua mestra;

O diminutivo **menininho** indica:

☐ carinho ☐ tamanho ☐ desprezo

2 A palavra **pivete** pode ser substituída no poema por:

a) moleque.
b) rapaz.
c) trabalhador.
d) operário.

3 Releia este trecho:

> o que quer todo mundo
> é receber carinho
> (desde que nasce:
> no berço ou no colo).

Os parênteses foram empregados no trecho para indicar:

a) diálogo entre personagens.
b) comentário ou opinião do autor.
c) destaque da fala do personagem.
d) comentário pouco importante do autor.

Leia este poema, de Claudio Thebas:

A visita da tia

Tenho uma tia gorda
que dá um abraço apertado.
Eu aguento, já sou grandinho.
Meu irmão... quase morre esmagado.

"Ela tem abraço de urso" —
Falo, num tom atrevido.
"Será que ela é tia mesmo,
ou um urso de bolsa e vestido?"

Da janela do quarto eu a vejo,
vindo sempre no mesmo percurso.
Saio logo correndo e avisando:
— Esconde! Esconde! É o urso!!

Mas o faro do bicho não falha:
ela encontra a gente na hora.
Com o abraço dela, eu gemo.
Meu irmão? Quase sempre chora.

Se queremos sossego,
ela insiste, não deixa!
Depois da tortura do abraço,
tem tortura na nossa bochecha.

Ela espreme, aperta e estica.
Puxa... Não há quem aguente.
Será que ela ainda não sabe
que a bochecha faz parte da gente?!

A tarde, enfim, vai passando,
e o urso ficando um amor.
Oferece uns doces gostosos
com frutas do interior.

A calma só acaba na hora
do abraço de despedida:
se meu irmão não chorou na entrada,
pode crer, vai chorar na saída!

(*Amigos do peito*. São Paulo: Formato, 1996. p. 22-23.)

Jean Galvão/Arquivo da editora

1. Por que, no poema, a tia é comparada a um urso?

2. Por que o irmão quase sempre chora com o abraço da tia?

3. A tia abraça com força e aperta a bochecha dos sobrinhos porque ela:

a) quer machucar.

b) quer demonstrar carinho.

c) não gosta de crianças.

d) é muito delicada com eles.

4. Nos dias de visita da tia, de qual parte do dia os meninos gostam mais: da manhã, da tarde ou da noite? Por quê?

5. O que você acha: Os meninos gostam da tia? Por quê?

6. Compare o poema de Ziraldo com o poema de Claudio Thebas.

a) Que semelhança eles têm quanto ao assunto?

b) Qual é a principal diferença entre as tias mencionadas nos dois poemas?

____

____

____

VAMOS CANTAR?

O poema "A visita da tia" foi musicado por seu autor, Claudio Thebas, que também é músico, e virou uma canção.

Ouça a canção, que o professor vai apresentar. Depois, com toda a turma, cante a canção algumas vezes, acompanhando o texto no livro.

A seguir, tente cantá-la com o livro fechado. Vamos lá?

Jean Galvão/Arquivo da editora

Exercícios

Leia o poema a seguir, de Duda Machado, e responda às questões 1 a 3.

O macaco que queria voar

Quinho era um macaco diferente.
Não gostava de comer banana
Nem de ficar imitando gente.

Mas não podia ver passarinho
Que tinha vontade de voar.
Parecia até um maluquinho.

Se deitava, rolava no chão.
Saltava entre os galhos e guinchava.
Voar que é bom, não voava não.

Desistia, ficava calado.
A mão no queixo, um jeito sério
E o ar de quem está concentrado.

Aí é que parecia gente.
Nem se coçava, cruzava os braços,
Querendo pensar logicamente.

(*Antologia Ilustrada da poesia brasileira – Para crianças de qualquer idade*. Organização e ilustração de Adriana Calcanhotto. Rio de Janeiro: Casa da Palavra, 2013. p. 92.)

Jean Galvão/Arquivo da editora

1 O assunto do texto é:

a) um macaco que voava.
b) um passarinho que voava.
c) um macaco que imitava gente.
d) um macaco diferente.

2 O texto é:

a) uma carta.
b) um poema.
c) uma notícia.
d) uma receita.

3 O bicho parecia gente por causa de:

a) sua linguagem.
b) seu caminhar.
c) sua postura pensativa.
d) sua vontade de voar.

Leia o texto a seguir e responda às questões 4 a 6.

Batata quente

Fazer uma roda, na qual as crianças devem permanecer sentadas.
Uma delas tampa os olhos e diz:

— Batata quente, quente, quente, quente...

(cada vez mais rápido e quantas vezes quiser).
Enquanto isso, as crianças da roda vão passando uma bola de mão em mão.
Quando a criança para de dizer quente, fala a palavra:

— Queimou!

Quem estiver com a bola é "queimado" e sai da roda.
Acaba o jogo quando todos são queimados.
A criança que fica até o final sem se queimar vence e será a próxima a fechar os olhos.

Jean Galvão/Arquivo da editora

(Mauricio de Sousa. *Turma da Mônica – Folclore brasileiro*. São Paulo: Girassol, 2009. p. 41.)

4 A finalidade do texto é:

a) criticar uma brincadeira.
b) ensinar uma brincadeira.
c) inventar uma brincadeira.
d) contar a história de uma brincadeira.

5 Nos trechos "— Batata quente, quente, quente, quente..." e "— Queimou!", as letras estão em tamanho maior e em negrito para:

a) destacar o que deve ser falado durante a brincadeira.
b) destacar as orientações do autor do texto.
c) tornar o texto mais bonito.
d) marcar o diálogo entre os personagens.

6 Nos trechos "**Fazer** uma roda", "Uma delas **tampa** os olhos", "**Acaba** o jogo quando todos são queimados", as palavras destacadas (verbos) indicam:

a) como as crianças devem agir antes de iniciar o jogo.
b) as ações que as crianças devem fazer durante o jogo.
c) as regras que valem pontos no jogo.
d) as características e qualidades do jogo.

Leia o texto a seguir e responda às questões 7 a 9.

Um menino está chorando muito, sentado na calçada.
Um amigo dele, comovido, para e pergunta:
— Nossa, o que foi que aconteceu?
— Meu cachorrinho, eu perdi meu cachorrinho!
— Calma, acho que a gente pode fazer alguma coisa para tentar encontrá-lo.
— O quê?
— A gente podia colocar um anúncio no jornal.
— Buáááá! Não vai adiantar...
— Por que não vai adiantar?
— Porque meu cachorro não sabe ler.

(Paulo Tadeu. *O melhor do proibido para maiores*. São Paulo: Matrix, 2014. p. 36.)

Jean Galvão/ Arquivo da editora

7 Pelas características do texto, trata-se de uma:

a) tira.
b) história em quadrinhos.
c) anedota.
d) receita.

8 O texto tem a finalidade de:

a) divertir.
b) contar um caso verdadeiro.
c) emocionar o leitor.
d) relatar casos familiares.

9 O humor do texto está no fato de:

a) o amigo colocar anúncio no jornal.
b) o menino ter perdido o cachorrinho.
c) o amigo procurar o cão.
d) o menino pensar que o anúncio seria para o cachorrinho ler.

Leia, a seguir, a frente e o verso de um ingresso para visitar um aquário. Depois, responda às questões 10 a 13.

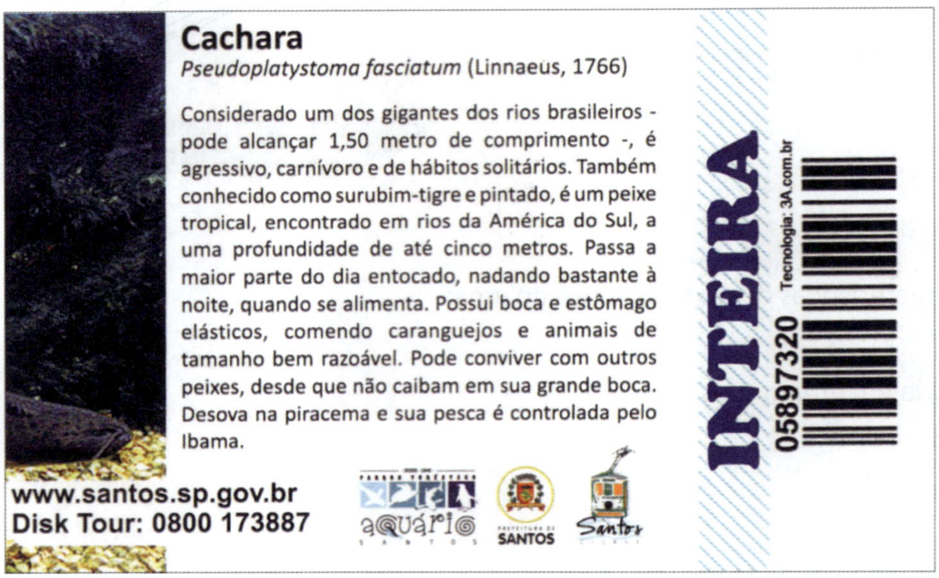

Cachara

Pseudoplatystoma fasciatum (Linnaeus, 1766)

Considerado um dos gigantes dos rios brasileiros - pode alcançar 1,50 metro de comprimento -, é agressivo, carnívoro e de hábitos solitários. Também conhecido como surubim-tigre e pintado, é um peixe tropical, encontrado em rios da América do Sul, a uma profundidade de até cinco metros. Passa a maior parte do dia entocado, nadando bastante à noite, quando se alimenta. Possui boca e estômago elásticos, comendo caranguejos e animais de tamanho bem razoável. Pode conviver com outros peixes, desde que não caibam em sua grande boca. Desova na piracema e sua pesca é controlada pelo Ibama.

www.santos.sp.gov.br
Disk Tour: 0800 173887

INTEIRA
05897320
Tecnologia: 3A.com.br

10 Pelo endereço do *site* que aparece no ingresso, é possível saber que o aquário fica na cidade de:

a) Cachara, SP.

b) Tour, SP.

c) Americana, SP.

d) Santos, SP.

11 O objetivo do texto intitulado “Cachara”, que está no verso do ingresso, é:

a) contar a história da vida do peixe cachara no aquário.

b) dar informações sobre um dos peixes mais exóticos do aquário.

c) comentar sobre os peixes em geral.

d) narrar uma história de ficção na qual a personagem principal se chama Cachara.

12 A palavra **inteira**, em destaque na lateral do ingresso, indica que o visitante:

a) é uma criança de até 7 anos.

b) é um adulto.

c) é o peixe Cachara.

d) é estudante.

13 A finalidade principal do ingresso é:

a) informar cientificamente como vive o peixe cachara.

b) comprovar a compra da entrada.

c) comentar as atrações turísticas da cidade.

d) estimular a compra de peixes que vivem no aquário.

Leia o texto a seguir.

Reprodução/Arquivo pessoal

14 Pelas características do texto, trata-se de:

a) um anúncio publicitário.

b) um cartum.

c) um porta-retratos.

d) um cartaz.

15 A parte verbal do texto é:

a) uma dedicatória para uma amiga.

b) um aviso da chegada do Natal.

c) uma advertência sobre o dia de Natal.

d) uma carta relatando um fim de ano.

16 Levante hipóteses: Na fotografia aparecem:

a) três irmãs.

b) a mãe e duas filhas.

c) três amigas.

d) duas mães e uma filha.

17 As pessoas mostram a língua porque querem produzir uma foto:

a) séria.

b) malcriada.

c) brincalhona.

d) para documento.

18 Quem escreve o texto para a amiga é:

a) a menina menor.
b) a menina maior.
c) Romina.
d) as três meninas.

19 A expressão "o que eu tenho de melhor" refere-se:

a) à chegada do Natal.
b) ao envio do beijo.
c) ao ato de mostrar a língua.
d) às filhas.

20 O texto foi escrito em dezembro de 2006. A menina maior tinha aproximadamente 7 anos. Em 2023 ela terá:

a) 24 anos.
b) 18 anos.
c) 19 anos.
d) 20 anos.

Leia o poema a seguir, de Vinícius de Morais:

A corujinha

Corujinha, corujinha
Que peninha de você
Fica toda encolhidinha
Sempre olhando, não sei quê.

O seu canto de repente
Faz a gente estremecer
Corujinha, pobrezinha
Todo mundo que te vê
Diz assim, ah! coitadinha
Que feinha que é você.

Quando a noite vem chegando
Chega o teu amanhecer
E se o sol vem despontando
Vais voando te esconder.

Hoje em dia andas vaidosa
Orgulhosa como quê
Toda noite tua carinha
Aparece na TV.

Corujinha, coitadinha
Que feinha que é você

(*Poesia completa e prosa*. Rio de Janeiro: Aguilar, 1974. p. 361.)

Biry Sarkins/Arquivo da editora

corujinha da TV: referência à *Sessão Coruja*, seleção de filmes que a Rede Globo exibia nas madrugadas.

21 A coruja causa pena porque, de acordo com o poema, ela é:

a) vaidosa.

b) feia.

c) inteligente.

d) burra.

22 A coruja não gosta de:

a) noite escura.

b) tarde chuvosa.

c) dia com sol.

d) madrugada fria.

23 No poema, palavras como **encolhidinha**, **pobrezinha** e **coitadinha**, no diminutivo, provocam:

a) desprezo.

b) alegria.

c) piedade.

d) raiva.

24 Marque a palavra que não rima com **estremecer**:

a) você.

b) despontando.

c) esconder.

d) TV.

25 Marque a palavra que não rima com **corujinha**:

a) encolhidinha.

b) pobrezinha.

c) vaidosa.

d) carinha.

Biry Sarkins/Arquivo da editora

CAPÍTULO 9

Espelho, espelho meu...

Você se considera uma pessoa grande ou pequena? Que coisas seus pais não deixam você fazer sozinho(a)? O que você gostaria de fazer quando tiver mais idade? O que você ainda gosta de fazer, mas sente vergonha porque já não é tão pequeno(a)?

Leia este texto, de Ana Maria Machado:

Uma menina do seu tamanho

Jean Galvão/Arquivo da editora

Era uma vez uma menina. Não era uma menina deste tamanhinho. Mas também não era uma menina deste tamanhão. Era uma menina assim mais ou menos do seu tamanho. E muitas vezes ela tinha vontade de saber que tamanho era esse, afinal de contas. Porque tinha dias que a mãe dela dizia assim:

— Helena, você já está muito grande para fazer uma coisa dessas. Onde já se viu uma menina do seu tamanho chegar em casa assim tão suja de ficar brincando na lama? Venha logo se lavar.

Então ela achava que já era bem grande.

Mas às vezes, também, o pai dela dizia assim:

— Helena, você ainda é muito pequenininha para fazer uma coisa dessas. Onde já se viu uma menina do seu tamanho ficar brincando num galho de árvore tão alto assim? Desça já daí. Se não, você pode cair.

Aí Helena achava que ela era mesmo uma bebezinha que não podia fazer nada sozinha.

E era sempre assim. Na hora de ir ajudar no trabalho da roça, ela já era bem grande. Na hora de ir tomar banho no rio e nadar no lugar mais fundo, ela ainda era muito pequena. Na hora em que os grandes ficavam de noite conversando no terreiro até tarde, ela era pequena e tinha que ir dormir. Na hora em que espetava o pé com um espinho e queria ficar chorando no colo de alguém, só com dengo e carinho, sempre diziam que ela já estava grande para ficar fazendo manha. Se ela tivesse um espelho mágico, que nem a rainha madrasta da Branca de Neve, bem que podia perguntar:

— Espelho meu, espelho meu, que tamanho tenho eu?

Mas ela não tinha espelho mágico nenhum. Até mesmo espelho sem ser mágico, não era fácil. Na casa dela só tinha um, pequeno e muito no alto, em cima da pia. Só dava para se ver um pouquinho de cada vez. E mesmo assim, só quando alguém punha no colo. Via o rosto, o pescoço, as mãos. Mas joelho, pé, canela, isso ela só via mesmo olhando para baixo, fora do espelho. E as costas, não via nunca. Às vezes ela até achava que talvez fosse isso. Vai ver, era assim: ela era pequena na frente e grande atrás. Ou grande na frente e pequena atrás. Ou de cada lado de um tamanho: por isso cada um via de um jeito, depende do pedaço dela que estivesse olhando. Mas ela se apalpava, se pegava, se olhava como podia e achava que não era nada disso.

[...]

(*Bem do seu tamanho*. São Paulo: Salamandra, 2003. p. 5-7.)

1 Quem é o narrador, isto é, quem conta a história: a menina ou outra pessoa?

____

2 O narrador diz:

"Não era uma menina deste tamanhinho. Mas também não era uma menina deste tamanhão. Era uma menina assim mais ou menos do seu tamanho."

Nesse trecho:

a) O que quer dizer **deste tamanhinho**?

____

b) E **deste tamanhão**?

____

c) Se a menina era "mais ou menos do seu tamanho", que idade você imagina que ela tinha?

____

3 A menina tinha uma dúvida.

a) Qual era a dúvida dela?

____

____

____

b) Por que a menina tinha essa dúvida?

____

____

____

4 Escreva **P** para **pequena** e **G** para **grande**, de acordo com a opinião dos pais da menina:

- [ ] Brincar na lama.
- [ ] Brincar em um galho de árvore alto.
- [ ] Tomar banho de rio, em um lugar fundo.
- [ ] Conversar até tarde com os adultos.
- [ ] Chorar e pedir colo, fazendo manha.

5 A menina gostaria de ter um espelho mágico, como o da madrasta da Branca de Neve.

a) Na história da Branca de Neve, o espelho mágico diz à rainha uma verdade ou uma mentira?

____

____

b) Por que a menina queria ter um espelho igual ao da rainha?

____

____

6 A menina tinha apenas um espelho em casa.

a) Isso mostra que ela era rica ou pobre?

____

b) Por que era difícil, para a menina, conseguir se ver nesse espelho?

____

____

c) O que ela conseguia ver de si mesma?

____

____

7 A menina chegou até a pensar que devia ser grande na frente e pequena atrás, ou o contrário. Por que, mais tarde, ela mesma achou que essa conclusão estava errada?

____

____

8 Seus pais consideram que você, como a menina da história, é grande para algumas coisas e pequeno(a) para outras? Você concorda com eles? Conte para os colegas.

PALAVRAS EM CONTEXTO

1 A expressão **Era uma vez...** indica que o texto lido é:

a) uma história inventada.

b) um relato de fatos reais.

c) uma notícia de jornal.

d) uma receita.

2 Releia este trecho:

> Mas ela não tinha espelho mágico nenhum. Até mesmo espelho sem ser mágico, não era fácil. Na casa dela só tinha **um**, pequeno e muito alto, em cima da pia.

Nele, a palavra **um**, destacada, se refere a:

a) casa.

b) espelho mágico.

c) espelho.

d) pia.

3 Em "espelho sem ser mágico", qual palavra poderia substituir a expressão **sem ser mágico**?

____

TEXTO E INTERTEXTO

Leia este poema, de Pedro Bandeira:

Grande ou pequeno?

Se eu me meto na conversa,
para ouvir do que é que falam
os adultos e os parentes,
lá vem bronca da mamãe:

"Não, não, não! Já para fora!
Você é muito pequeno
para ouvir nossa conversa".

Mas se eu faço algum errinho,
qualquer coisinha malfeita,
ou alguma reinação,
lá vem bronca do papai:
"Mas você não tem vergonha?
Isso é coisa que se faça?
Você já está muito grande
para coisas como essa!"

Afinal, quem é que eu sou?
Ou eu sou muito pequeno,
ou sou grande até demais!
Ora, tenham paciência!
Deixem-me crescer em paz!

(*Mais respeito, eu sou criança.*
São Paulo: Moderna, 2002. p. 13.)

Biry Sarkins/Arquivo da editora

1. Sobre a pessoa que fala no poema, responda:

   a) É um adulto ou uma criança?

   ____

   b) Qual é a reclamação dela?

   ____

2. Como a pessoa que fala no poema se sente? Cite um ou mais versos para justificar sua resposta.

   ____

   ____

   ____

3. Compare o texto de Ana Maria Machado com o poema de Pedro Bandeira. O que eles têm em comum?

   ____

Exercícios

Leia a tira a seguir e responda às questões 1 a 4.

(Pedro Hutsch Balboni. *Joãos & Joanas*. Meu Bolso, 2012. p. 39.)

1 Duas joaninhas estão conversando. Nos três primeiros quadrinhos, a primeira joaninha fala sobre o que não fez durante a semana. De acordo com a ordem dos quadrinhos, ela fala sobre:

a) internet — família — higiene pessoal.

b) mãe — banho — internet.

c) higiene pessoal — família — internet.

d) família — internet — banho.

2 As respostas "Hum." e "Uhum.", dadas pela outra joaninha, respectivamente, no 1º e no 2º quadrinho, demonstram que, na opinião dela:

a) o que a primeira joaninha diz é absurdo.

b) o que a primeira joaninha diz é normal.

c) a primeira joaninha não está bem, pois diz coisas sem sentido.

d) tanto a primeira joaninha quanto ela não gostam da família.

3 Há quanto tempo a primeira joaninha não acessa a internet?

a) Há uma semana.

b) Há um mês.

c) Há um ano.

d) Há seis meses.

4 O humor da tira está no fato de a outra joaninha:

a) achar mais importante tomar banho do que falar com a mãe.

b) achar mais importante falar com a mãe do que tomar banho.

c) achar mais importante acessar a internet do que tomar banho ou falar com a mãe.

d) falar coisas sem sentido, misturando higiene pessoal, família e internet.

Leia o texto a seguir e responda às questões 5 a 8.

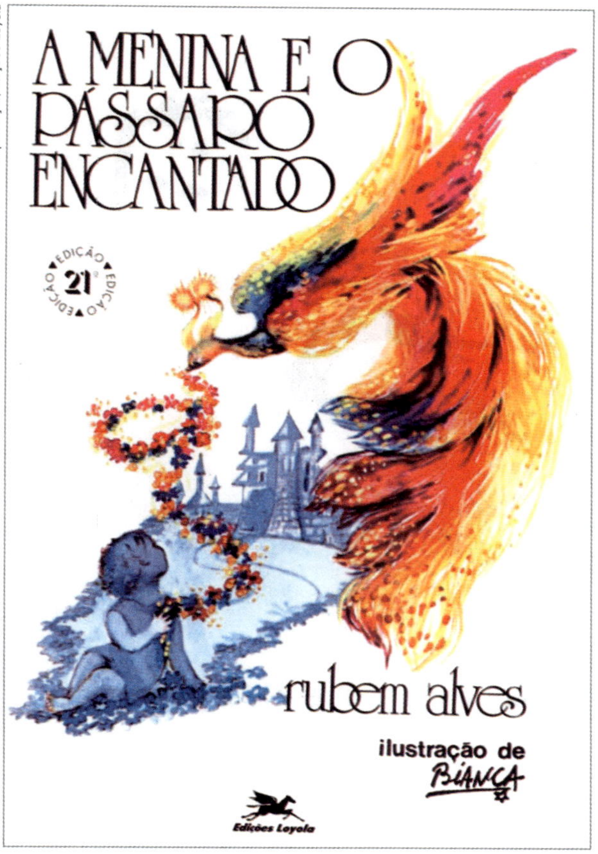

(Rubem Alves. *A menina e o pássaro encantado*. São Paulo: Loyola, 2006.)

5 Pelas características do texto, podemos dizer que ele é:

a) capa de um livro.

b) um cartaz.

c) uma propaganda.

d) capa de um DVD.

6 O autor da obra *A menina e o pássaro encantado* é:

a) Bianca.

b) Rubem Alves.

c) Edições Loyola.

d) 21ª edição.

7 Pela ilustração, pode-se dizer que a obra *A menina e o pássaro encantado* é voltada ao público:

a) adulto, apenas.

b) idoso, apenas.

c) feminino, principalmente.

d) infantil, principalmente.

8 Observe a ilustração da capa e o nome da obra. Por eles, é possível imaginar que o livro narra a história:

a) de um príncipe e uma princesa que foram felizes para sempre.

b) de uma menina e um dragão, que era seu amigo.

c) de um pássaro encantado que se relaciona com uma menina.

d) de um castelo com rei, rainha e príncipe.

Leia a piada a seguir e responda às questões 9 e 11.

Durante o jantar da família, todos estão tomando sopa tranquilamente, quando Joãozinho começa a gritar:

— Paiê! Pai, pai!

— Pare com isso agora! — repreende o pai, bravo. — Quantas vezes eu já te disse que não se deve gritar desse jeito à mesa? A hora da refeição é uma hora de paz! A partir de agora, calado, senão vai ficar de castigo!

Silêncio geral. Todos continuam tomando suas sopas, até que um misto de remorso e curiosidade faz o pai perguntar:

Jean Galvão/Arquivo da editora

— Mas, afinal, o que você queria me dizer, hein?

— Ah, eu só ia falar que tinha uma mosca nadando na sua colher de sopa...

(Paulo Tadeu. Proibido para maiores – *Mais piadas para crianças*. São Paulo: Matrix, 2008. p. 16.)

9 O pai repreende o filho porque:

a) o jantar já tinha iniciado.

b) o pai não gostava de interromper o jantar.

c) o filho estava gritando à mesa.

d) ele achava que o filho estava sem vontade de comer.

10 O humor da piada está no fato de:

a) o pai não ter escutado o filho e ter engolido a mosca.

b) o filho querer avisar o pai sobre a mosca.

c) o pai brigar com o filho, que gritava à mesa.

d) todos tomarem a sopa em silêncio.

11 Tanto a fala do pai quanto a do filho são reproduzidas diretamente, como se estivéssemos presenciando a cena. Esse tipo de diálogo é chamado de **discurso direto**. Que sinal de pontuação introduz a fala dos dois personagens?

a) o travessão (—)

b) o ponto (.)

c) a vírgula (,)

d) o dois-pontos (:)

Leia o texto a seguir e responda às questões 12 a 16.

Truque da Lata

Ilustrações: ©Mauricio de Sousa Editora Ltda/ Editora Globo

A Mônica estava no meio de um chá de bonecas quando os meninos chegaram.

— Viemos desafiá-la *pala* um duelo, Mônica! — foi dizendo o Cebolinha.

— Você é tão forte — provocou o Titi — mas garanto que não tira uma simples folha de papel de cima da mesa.

— Não sei o que vocês estão tramando... — desconfiou a Mônica. — Mas se eu conseguir, prometem deixar o meu coelhinho em paz?

— Só tem um detalhe — falou o Cascão —, você não pode tocar na lata que está em cima do papel...

Você quer aprender o *Truque da Lata*? Coloque o papel sobre a mesa e ponha a lata sobre ele, bem no meio da folha. Desafie um amigo a tirar o papel da mesa sem tocar na lata.

Quando ele desistir, você pega uma das pontas da folha e começa a enrolá-la cuidadosamente. O papel vai deslizar debaixo da lata.

A Mônica começou a pensar em como resolver o caso, mas o Cebolinha não aguentou esperar e mostrou a solução:

— Viu *golducha*? *Pla tilar* o papel é *pleciso céleblo*, e não *folça*!

— Pois agora vou mostrar outro truque pra vocês... — disse a Mônica pegando seu coelhinho. — Como derrubar quatro garotos chatos sem pôr as mãos neles!

(Mauricio de Sousa. *Manual de Brincadeiras da Mônica*. São Paulo: Globo, 2003. p. 202-203.)

12 Os meninos:

a) brigaram com Mônica.
b) xingaram Mônica.
c) desafiaram Mônica.
d) bateram na Mônica.

13 Mônica:

a) conseguiu resolver o desafio proposto pelos meninos.
b) não conseguiu resolver o desafio.
c) pediu ao Cebolinha que resolvesse o desafio.
d) pediu ajuda à amiga Magali.

14 Ao afirmar que "é *pleciso céleblo*, e não *folça*", Cebolinha quis dizer que Mônica é:

a) forte.
b) forte, mas pouco inteligente.
c) fraca e inteligente.
d) esperta e pouco inteligente.

15 Ao afirmar que mostraria como "derrubar quatro garotos chatos sem pôr as mãos neles", Mônica quis dizer que ela ia:

a) fazer um truque de mágica.
b) usar a lata para derrubar os garotos.
c) derrubar os garotos com o corpo, mas sem pôr as mãos neles.
d) derrubar os garotos com seu coelho.

16 Além de contar uma história engraçada, o texto tem a seguinte finalidade:

a) ensinar o leitor a fazer um truque.
b) ensinar as crianças a brincar em equipe.
c) ensinar as meninas a não aceitar provocações dos meninos.
d) ensinar as crianças a lidar com latas de forma segura.

Leia o texto a seguir, de Ana Maria Machado, e responda às questões 17 a 21:

Era uma vez uma menina que gostava muito de palavras. Estava sempre querendo aprender palavras novas. Prestava atenção toda vez que ouvia uma diferente. Queria reparar como é que se usava, para poder repetir depois. Para ela, todas eram interessantes: as pequenas, as médias e as grandes. As palavrinhas, as palavras e os palavrões.

Jean Galvão/Arquivo da editora

Só que os outros não achavam interessante. E, às vezes, nem ela mesma se entendia. Ou entendia os outros. Às vezes, ela ouvia alguém dizer umas palavras imensas e nem conseguia repetir direito. Como no dia em que um homem falou na rua:

— Tem um paralelepípedo solto... Cuidado!

(*Palavras, palavrinhas e palavrões*. São Paulo: Quinteto, 1998. p. 4.)

17 A menina gostava muito de:

a) aprender novas palavras.
b) ouvir palavras que conhecia.
c) repetir algumas palavras.
d) ler palavras conhecidas.

18 A menina tinha dificuldade para repetir palavras:

a) conhecidas.
b) pequenas.
c) imensas.
d) interessantes.

19 A expressão **Era uma vez** indica que a história:

a) aconteceu de fato.
b) vai ocorrer no futuro.
c) é inventada.
d) está ocorrendo no momento.

20 Uma das palavras que a menina não consegue repetir direito é:

a) homem.
b) paralelepípedo.
c) cuidado.
d) imensas.

21 No texto, um homem diz: "Tem um paralelepípedo solto... Cuidado!". O sinal que introduz a fala (o discurso direto) do personagem é:

a) o dois-pontos.
b) o travessão.
c) o ponto.
d) a vírgula.

Leia o texto a seguir e responda às questões 22 a 24.

Falando em ovos...

Nelson Provazi/Arquivo da editora

É preciso saber que ovos são "alimentos vivos", que estão em constante transformação. Os ovos podem estragar com facilidade e até causar doenças muito graves, se não forem conservados com cuidado.

Entre essas doenças, está a salmonelose. Como a casca do ovo é porosa, uma bactéria, chamada salmonela, atravessa a casca e se aloja no interior do ovo. Um cozimento de 3 minutos a 60 graus Celsius é suficiente para evitar uma intoxicação alimentar. Sempre tome cuidado ao lidar com ovos. Nunca utilize ovos quebrados nem rachados. Não os deixe em lugares quentes. E não lave a casca, pois o ovo poderá perder sua película de proteção.

(Gisela Tomanik Berland. *Dona Benta – Um tico-tico no fubá*: sabores da nossa história. São Paulo: Nacional, 2005. p. 56.)

22 O assunto principal do texto é:

a) doenças.

b) conservantes.

c) lugares quentes.

d) utilização de ovos.

23 Para evitar intoxicação alimentar com ovos, deve-se:

a) lavar a casca dos ovos.

b) deixar os ovos em lugar quente.

c) deixar os ovos em lugar fresco.

d) cozinhar os ovos antes de comê-los.

24 Uma das graves doenças resultantes do consumo de ovos estragados é a salmonelose, que é causada por:

a) uma película de proteção.

b) uma bactéria que atravessa a casca porosa do ovo e o contamina.

c) uma bactéria encontrada em lugares quentes.

d) uma bactéria encontrada em todos os ovos.

Leia a entrevista a seguir.

Menino de 10 anos faz crítica de restaurantes

Aos 10 anos, o americano Eli Knauer avalia restaurantes num blog criado um ano atrás. Para ele, o cardápio infantil tem de ser condizente com o tipo de cozinha que faz.

Folha — Como é a sua avaliação dos restaurantes?

Eli Knauer — Pelo nível de receptividade de seu serviço com as crianças e também por sua comida.

Imgorthand/Getty Images

Quais são os critérios?

Pra mim, um restaurante é bom para crianças quando tem menu infantil, parque ou espaço de lazer e um aparelho de TV. Já a comida eu avalio de vários modos: se tem bastante opção para crianças, se a carne é suculenta, se o queijo é bem viçoso e se vale a ida também pela sobremesa.

De que modo um restaurante pode irritar uma criança?

Um restaurante é ruim quando coloca algo no prato que não vinha na descrição do cardápio, quando a gente pede um prato sem determinado item e ele aparece. É péssimo também quando não há nada divertido no lugar, nada que possa chamar a atenção das crianças.

O que é um bom cardápio para crianças?

Um bom cardápio infantil é aquele que está de acordo com a cozinha do restaurante. Um restaurante de frutos do mar, por exemplo, pode servir peixe ou camarão em diversas opções.

O que acha dos lugares que não aceitam crianças?

Eu não acredito que todo restaurante precise aceitar crianças, mas, ao mesmo tempo, acho que estão cometendo um erro porque, se você não pode ir lá quando criança, por que vai querer ir quando for adulto?

[...]

(Disponível em: https://m.folha.uol.com.br/comida/2011/08/953013-menino-de-10-anos-faz-critica-de-restaurantes-leia-entrevista.shtml. Acesso em: 30/09/2019.)

25 O assunto do texto é:

a) o cardápio feito por crianças.
b) os melhores restaurantes de frutos do mar.
c) a avaliação de restaurantes feita por uma criança.
d) a avaliação, por uma criança, da comida feita pelos pais.

26 O texto é:

a) uma propaganda. b) uma entrevista. c) um conto. d) um relato.

27 Ao avaliar os restaurantes, Eli Knauer leva em conta:

a) a semelhança entre a comida dos restaurantes e a comida caseira, além da qualidade do atendimento.
b) se há comida com frutos do mar e se há espaço apropriado para crianças.
c) a existência de um bom cardápio infantil e de um espaço apropriado para crianças.
d) a variedade da comida e a qualidade do atendimento.

28 A finalidade do texto é:

a) mostrar que uma criança pode avaliar a qualidade de restaurantes.
b) denunciar os restaurantes que não aceitam crianças.
c) convencer os pais de que eles devem cozinhar para os filhos.
d) orientar os donos de restaurantes sobre como se dar bem no negócio.

29 A fala final de Eli Knauer — "se você não pode ir lá quando criança, por que vai querer ir quando for adulto?" — dá a entender que:

a) as crianças esperaram se tornar adultas para poder ir a esses restaurantes.
b) alguns restaurantes tratam as crianças de forma especial, procurando protegê-las.
c) os restaurantes que não aceitam crianças perdem a oportunidade de criar um novo público.
d) as crianças devem ter preferência em relação aos adultos.

CAPÍTULO 10

O homem e as viagens

Uma das coisas que mais intrigam o ser humano é a origem do mundo: o aparecimento dos astros, dos mares, dos animais e do ser humano na Terra. A ciência e as religiões dão suas explicações. E povos de todo o mundo contam essa história em forma de mito.

Leia, a seguir, um mito africano, contado pela escritora brasileira Heloísa Prieto:

Napi, os homens e os animais

No início do mundo nasceu o Sol, e depois dele surgiu Napi, o criador, o guardião da vida. Um dia Napi descansava perto de uma fonte. Olhou para a terra úmida e teve uma ideia: pensou que seria divertido moldar pequenas criaturas de argila.

Primeiro modelou um animalzinho. Gostou dele e continuou a criar, e fez aparecer todos os animais que até hoje vivem na face da Terra. Quando terminou, deu a cada animal um lugar para habitar. Por último moldou o homem e lhe disse:

— Você deve viver na floresta, é o melhor lugar para você.

Depois, fechou os olhos e tentou descansar. Mas não conseguiu. Poucas horas mais tarde os animais voltaram para reclamar. Ninguém estava feliz. O touro parecia furioso:

— Não posso viver na montanha, Napi. Preciso de pasto!

O antílope também estava aborrecido:

— Napi, não posso viver no pântano, meu sonho é correr pelos campos!

Nelson Provazi/Arquivo da editora

Até mesmo o sensato camelo tinha uma queixa:

— Napi, detestei o deserto! Será que você não pode me mudar de lugar?

O homem, então, não parava de reclamar. Queria viver viajando, queria conhecer todos os lugares. Era muito curioso para ficar só na floresta. Napi suspirou e respondeu:

— Minhas queridas criaturas, vou lhes dar outros territórios! Calma! — E depois disse: — Touro, vá para os pastos! — E para o antílope: — Vá para a savana correr com liberdade. — E, finalmente, para o camelo: — Vá para perto de um oásis, onde o ar é fresco.

E quando chegou o homem, Napi lhe sugeriu diversos lugares para morar, mas o homem nunca ficava contente. Até que o guardião da vida se cansou e disse apenas:

— Você é mesmo impossível, meu filho! Tudo bem, vá para onde quiser!

É por isso que todos os animais têm seus territórios preferidos, mas o homem, essa criatura sempre insatisfeita, espalhou-se pelas montanhas, florestas, rios e mares, e até hoje continua procurando novos lugares para morar.

(*Lá vem história*. São Paulo: Companhia das Letras, 1997. p. 17-18.)

1 O mito conta a história da origem do mundo. De acordo com ele:

a) O que já existia antes do homem e dos animais?

____

b) Qual foi a importância de Napi para a criação do mundo?

____

c) Com que material o homem e os animais foram feitos?

____

2 Depois de o mundo ter sido criado, os bichos e o homem começaram a reclamar com Napi. Qual era a causa da reclamação dos bichos?

____

____

3. O homem também reclamou com Napi, mas sua reclamação era diferente da que os animais fizeram. Por que era diferente?

4. Que solução Napi encontrou:

a) para os animais?

b) para o homem?

5. De acordo com o texto, o que faz o homem estar sempre insatisfeito com o lugar em que vive?

6. Segundo o texto, o homem "até hoje continua procurando novos lugares para morar".

a) Você concorda com a opinião de que o ser humano é sempre insatisfeito com o lugar em que vive? Por quê?

b) Que lugares ainda não explorados o homem poderia habitar?

7 É possível narrar uma história de duas formas: com um narrador que não participa da história e conta o que aconteceu com os personagens ou com um narrador que conta sua própria história, ou seja, ele é um dos personagens da história. Compare estes dois textos:

Texto 1

Um dia acordei esquisito, com um peso nas pernas, e fui tomar café. Minha avó levou um susto:

— Como os teus olhos estão inchados, filho!

Depois do almoço, meu pai me levou ao dr. Isaac. Eu já estava com seis anos e era a primeira vez que ia ao médico; só os filhos de famílias de posses tinham pediatra. O dr. Isaac disse que eu estava com nefrite, uma inflamação que se instala nos rins e provoca inchaço no corpo.

(Dráuzio Varella. "O Dr. Isaac". *Nas ruas do Brás.* São Paulo: Companhia das Letrinhas, 2000. p. 43.)

Texto 2

No início do mundo nasceu o Sol, e depois dele surgiu Napi, o criador, o guardião da vida. Um dia Napi descansava perto de uma fonte. Olhou para a terra úmida e teve uma ideia: pensou que seria divertido moldar pequenas criaturas de argila. Primeiro modelou um animalzinho. Gostou dele e continuou a criar, e fez aparecer todos os animais que até hoje vivem na face da Terra.

a) Em qual dos textos o narrador também é personagem da história? Que palavras do texto comprovam sua resposta?

____

____

____

b) E em qual dos textos o narrador não participa da história? Que palavras do texto comprovam sua resposta?

____

____

____

PALAVRAS EM CONTEXTO

1 Releia este trecho do texto “Napi, os homens e os animais”:

> Poucas horas mais tarde os animais voltaram para reclamar. Ninguém estava feliz.

A quem se refere a palavra **ninguém**?

____

____

2 Releia o trecho a seguir, observando a expressão destacada.

> “Napi lhe sugeriu diversos lugares para morar, mas o homem nunca ficava contente. Até que o **guardião da vida** se cansou”

a) Que palavra a expressão destacada substitui no texto?

____

____

b) Por que não foi empregada a palavra que foi substituída?

____

____

____

3 No texto, há muitos travessões. Por que eles são utilizados?

____

____

____

Leia o poema a seguir, de Elias José.

Caixa mágica de surpresa

Um livro
é uma beleza,
é caixa mágica
só de surpresa.

Um livro
parece mudo,
mas nele a gente
descobre tudo.

Um livro
tem asas
longas e leves
que, de repente,
levam a gente
longe, longe.

Um livro
é parque de diversões
cheio de sonhos coloridos,
cheio de doces sortidos,
cheio de luzes e balões.

Um livro
é uma floresta
com folhas e flores
e bichos e cores.
É mesmo uma festa,
um baú de feiticeiro,
um navio pirata no mar,
um foguete perdido no ar,
é amigo e companheiro.

Biry Sarkins/Arquivo da editora

(*Caixa mágica de surpresa.* São Paulo: Paulus, 1984.)

1 A que o livro é associado? Marque as respostas corretas.

- [ ] alegria
- [ ] descoberta
- [ ] natureza
- [ ] aventura
- [ ] viagem
- [ ] borboleta

2 Por que o livro é amigo e companheiro?

____

____

____

3 O poema apresenta muitas sonoridades, entre elas as rimas. Escreva a(s) palavra(s) que rima(m) com:

beleza: ______________________________________

mudo: ______________________________________

a gente: ______________________________________

coloridos: ______________________________________

diversões: ______________________________________

floresta: ______________________________________

flores: ______________________________________

mar: ______________________________________

4 De acordo com o poema, o livro tem asas e leva a gente para "longe, longe".

a) Como o livro nos faz viajar?

____

____

b) Que sentido a repetição da palavra **longe** cria?

____

____

5 O texto "Napi, os homens e os animais", de Heloísa Prieto, e o poema "Caixa mágica de surpresa", de Elias José, abordam o tema **viagem**.

a) O que é a viagem no texto de Heloísa Prieto?

____

____

____

b) E o que é a viagem no poema de Elias José?

____

____

____

VAMOS DEBATER?

1 Em sua opinião, um livro é uma caixa de surpresas? Por quê?

2 O que se pode descobrir nos livros?

3 Que tipo de viagem você gosta de fazer por meio da leitura dos livros?

REGRAS BÁSICAS DE UM DEBATE

Debater não é brigar. Assim, para participar de modo educado e gentil de um debate, siga estas regras:

- Escute o que seu colega está falando, sem interrompê-lo.
- Fale quando chegar a sua vez.
- Respeite as opiniões diferentes das suas.
- Não seja agressivo com palavras e gestos.

Exercícios

Leia o texto a seguir e responda às questões 1 a 6.

Um bichinho perigoso

Biry Sarkins/Arquivo da editora

A pequena joaninha percorria a folha sobre a qual havia pousado, enquanto um bichinho colorido e gorducho a observava de seu esconderijo.

— Está olhando o quê? Por acaso está me achando bonita?

— Oh! Você me viu! — respondeu o bicho, saindo do esconderijo.

— É claro que vi! É preciso estar muito míope para não enxergar você, com todas essas cores. Para que elas servem?

— Para que me vejam de longe. Sou um bicho perigoso!

— Ui! Que medo! — disse a joaninha, em tom de brincadeira. — Mas você tem cara de bonzinho! Como pode ser tão perigoso?

— Olhe... Está vendo estes pelinhos aqui? — disse o bichinho, apontando para sua cabeça. — São venenosos. Se alguém me tocar, fica ardendo e todo empipocado!

— Puxa! Eu não sabia! — a joaninha olhou para ele pelo canto dos olhos, meio preocupada. — Bom! Tenho que ir...

— É sempre assim — lamentou-se o bichinho. — Quando digo que sou perigoso, todos vão embora.

— Não chore! Acho que podemos dar um jeito... — disse a joaninha, comovida, enquanto apanhava uma pequena flor em forma de sino. — Tome, coloque esta touca e prenda esses pelos.

O bichinho obedeceu, amarrou a touca com alguns matinhos e, assim, puderam ficar juntos sem perigo.

(Tradução de Maria Luisa de Abreu Lima Paz. *Contos de 1 minuto*. São Paulo: Girassol, 2012. p. 112.)

1 O bicho colorido e gorducho é, provavelmente:

a) uma barata. b) uma raposa. c) uma lagarta. d) uma mosca.

2. O bicho colorido não tem amigos porque seus pelos:

a) queimam. b) arranham. c) perfuram. d) são feios.

3. O veneno dos pelos do bicho colorido é um recurso de:

a) ataque. b) vingança. c) defesa. d) enfeite.

4. A joaninha, ao ver que o bicho colorido era solitário, sente:

a) raiva. b) medo. c) pena. d) saudade.

5. A joaninha, no final:

a) não resolveu o problema do bicho colorido.
b) aliviou o problema do bicho colorido, mas não o resolveu.
c) piorou o problema do bicho colorido.
d) resolveu o problema do bicho colorido.

6. O assunto do texto é:

a) o perigo que certos animais representam.
b) o medo do desconhecido.
c) a amizade e a solidariedade.
d) o ataque de animais silvestres.

Leia o texto a seguir e responda às questões 7 a 10.

Atividade física

Exercícios físicos também são essenciais para uma vida saudável. Normalmente, as escolas oferecem aulas de educação física aos alunos. Mas elas são insuficientes. O melhor é complementar com atividades fora da escola, como caminhadas (pelo menos quarenta minutos em ritmo acelerado de cada vez), um futebolzinho no fim de semana, andar de bicicleta etc.

Sergey Novikov/Shutterstock

O ideal mesmo é praticar algum esporte ou ginástica pelo menos três vezes por semana. Cuidado com aeróbica ou corrida, que podem lhe causar problemas nas articulações (joelhos, tornozelos e outras "dobradiças"). Hidroginástica e natação apresentam a vantagem de trabalhar o corpo com um mínimo de impacto. É importante também fazer alongamento antes e depois do exercício, principalmente porque você está em idade de crescimento.

Agora, se, como eu, você não é muito entusiasmado para encarar uma atividade física, procure algo que o "apaixone". Quando adolescente eu pratiquei judô e *kung fu*. Adulto, nado e jogo *badminton*. Este é um esporte pouco conhecido no Brasil, parecido com o tênis, mas jogado com raquetes menores e petecas. Comecei brincando e logo me apaixonei. Quero dizer com isso que é possível que exista um tipo de atividade que você nem conheça, mas que pode entusiasmá-lo a ponto de fazer com que se mexa. Comigo foi assim. Agite!

(Antonio Carlos Vilela. *Coisas que todo garoto deve saber*. São Paulo: Melhoramentos, 2005. p. 5.)

7 O autor do texto tem a opinião de que as pessoas:

a) não devem fazer atividades físicas.
b) devem fazer atividades físicas apenas nos fins de semana.
c) devem praticar alguma atividade física pelo menos três vezes por semana.
d) devem fazer atividades físicas na escola.

8 Segundo o autor do texto, a pessoa deve procurar um tipo de atividade física que:

a) exija muito esforço.
b) proporcione prazer.
c) exija pouco esforço.
d) ocupe pouco tempo.

9 Fazer atividade física é importante para:

a) ter uma boa qualidade de vida.
b) fazer amigos.
c) trabalhar com impactos.
d) ocupar o tempo.

10 O assunto principal do texto é:

a) esportes desconhecidos no Brasil.
b) atividades físicas nas escolas e saúde das crianças.
c) brincadeiras que apaixonam crianças e adultos.
d) atividade física e saúde.

Leia os quadrinhos a seguir e responda às questões 11 a 13.

(Nik. *Gaturro a lo grande*. Buenos Aires: Catapulta Children, 2006. p. 10. Tradução dos autores.)

11 Gaturro escolhe esquentar sua almofada no micro-ondas porque o aparelho é mais:

a) quente. b) rápido. c) demorado. d) agradável.

12 O humor dos quadrinhos está no fato de Gaturro ter:

a) queimado a almofada no sol.
b) colocado a almofada no micro-ondas.
c) queimado a almofada no micro-ondas.
d) subido na banqueta para apertar os botões do micro-ondas.

13 A expressão facial dos donos do gato demonstra que eles estão:

a) felizes. b) espantados. c) com medo. d) curiosos.

Leia a tira a seguir e responda às questões 14 e 15.

(Laerte. *Suriá contra o dono do circo.* São Paulo: Devir – Jacarandá, 2003. p. 15.)

14 O humor da tira está no fato de o leão:

a) pular o arco.

b) em vez de passar pelo arco, mostrar conhecimento do alfabeto.

c) demorar para responder à pergunta da menina.

d) precisar pôr os óculos para responder à pergunta da menina.

15 A expressão da menina, no 3º quadrinho, demonstra:

a) medo. b) ansiedade. c) surpresa. d) carinho.

Leia o poema a seguir e responda às questões 16 a 19.

Infância

Chutei bola na chuva,
Roubei laranja, banana,
Goiaba e uva,
Xinguei a professora,
Apanhei dos mais velhos,
Bati nos mais novos,
Quebrei uma dúzia de ovos,
Rachei a cabeça,
Cortei o dedo,
Tremi de medo,
Escorreguei na lama,
Fiz xixi na cama,
Soltei pipa,
Esfolei o joelho,
Criei um coelho,
Andei no mato,
Perdi um sapato,
Pesquei na represa,
Ganhei um presente,
Tive dor de dente,
Caí do muro,
Chorei no escuro,
Faltei na escola,
Descobri um tesouro,
Sonhei com besouro,
Libertei passarinho,
Fui uma história em quadrinho.

(Lalau e Laurabeatriz. *Bem-te-vi e outras poesias.* São Paulo: Companhia das Letrinhas, 1994. p. 28-29.)

16 Quem fala no poema é:

a) uma menina.

b) um menino.

c) um adulto.

d) um estranho.

17 O assunto principal do poema é:

a) as brincadeiras de criança.

b) a infância.

c) as amizades de infância.

d) as brincadeiras e os jogos infantis.

18 A infância da pessoa que fala no poema foi:

a) infeliz.

b) monótona.

c) agitada e feliz.

d) monótona e feliz.

19 As palavras que rimam com **chuva**, **dedo**, **lama** e **joelho** são, respectivamente:

a) mato, uva, cama, coelho.

b) uva, medo, cama, coelho.

c) escola, besouro, dente, tesouro.

d) sapato, pipa, ovos, dente.

Leia os quadrinhos a seguir e responda às questões 20 e 21.

(Ziraldo. *Curta o Menino Maluquinho*. São Paulo: Globo, 2006. p. 59.)

20 As expressões **Issa! Já é! Só!** e **Mó barato!** são gírias usadas por surfistas. No contexto, elas têm o sentido de:

a) Deus me livre!

b) Deu zebra!

c) Que perigo!

d) Que onda boa!

21 Julieta derrubou os meninos para:

a) machucá-los.

b) brincar com eles.

c) se vingar deles.

d) ensiná-los a surfar.

Leia o texto a seguir e responda às questões 22 e 23.

Teatro é uma das artes mais gostosas de fazer. Fazendo teatro você pode brincar de ser muitas pessoas diferentes. Pode ser um vampiro, um rei, uma princesa... Personagens conhecidos, como Napoleão, Cleópatra, ou tipos interessantes, como mendigos, astrônomos, bailarinos, mágicos...

Fazendo teatro a gente experimenta ser o que não é, e tem ideia de como seria a vida se a gente fosse outra pessoa, fazendo coisas diferentes das coisas que a gente faz todo dia, vivendo em outro tempo e em outro lugar.

[...]

(Raquel Coelho. *Teatro*. São Paulo: Formato, 1999. p. 4.)

Jean Galvão/Arquivo da editora

22 Qual é o assunto do texto?

a) personagens históricos famosos

b) vampiros

c) teatro

d) príncipe e princesa

23 Segundo a autora do texto, o teatro permite que o ator:

a) seja ele mesmo.

b) viva a vida de outras pessoas.

c) vire um vampiro de verdade.

d) trabalhe na TV.

Leia este texto e responda às questões 24 a 26.

A próxima fronteira

e71lena/Shutterstock

Como seria uma colônia espacial em Marte?

A primeira viagem do homem para Marte está marcada para 2023, quando quatro astronautas viajarão cerca de 70 milhões de quilômetros durante sete meses. Por ser uma missão arriscada, oito testes de lançamento serão feitos antes de a nave tripulada partir. O projeto é da empresa holandesa Mars One e vai precisar de pelo menos R$ 14 bilhões para decolar. O detalhe é que a passagem é só de ida, já que os astronautas não terão à disposição condições técnicas nem recursos suficientes para uma viagem de volta. A ideia é que eles fiquem por lá definitivamente e fixem uma comunidade humana no Planeta Vermelho. As inscrições para a viagem já se encerraram, mas estavam abertas a todos que quisessem embarcar. Mesmo sabendo que a ida será a despedida definitiva da Terra, 200 mil malucos se inscreveram nessa.

(*Mundo Estranho*, out. 2014, p. 48.)

24 A finalidade da viagem a Marte é:

a) fazer um passeio exótico.
b) criar uma comunidade humana naquele planeta.
c) realizar uma missão arriscada.
d) fazer parte do projeto da empresa holandesa.

25 As medidas para evitar falhas serão:

a) decolar em 2023.
b) gastar R$ 14 bilhões para decolar.
c) fazer oito testes de lançamento.
d) viajar 70 milhões de quilômetros durante sete meses.

26 As passagens dos astronautas serão apenas de ida porque:

a) não haverá condições técnicas nem recursos suficientes para a nave voltar à Terra.
b) o custo da passagem é muito alto.
c) a viagem é muito longa.
d) precisaria de mais R$ 14 bilhões para a passagem de volta.

Bibliografia

BAKHTIN, Mikhail. *Estética da criação verbal*. São Paulo: Martins Fontes, 1997.

BATISTA, Antônio Augusto G.; GALVÃO, Ana Maria de O. *Leitura*: Práticas, impressos, letramentos. Belo Horizonte: Autêntica, 1999.

BRASIL. Ministério da Educação. Secretaria de Educação Básica. União Nacional dos Dirigentes Municipais da Educação. Conselho Nacional de Secretarias de Educação. *Base Nacional Comum Curricular*. Versão final, homologada em dezembro de 2017. Disponível em: http://portal.mec.gov.br/conselho-nacional-de-educacao/base-nacional-comum-curricular-bncc.

BRASIL. Ministério da Educação e Cultura. *Pacto nacional pela educação na idade certa*. Disponível em: http://pacto.mec.gov.br/index.php.

________. *Avaliação Nacional de Alfabetização (Ana)*: Documento básico. Brasília: Inep, 2013.

________. *Prova Brasil*: Matriz de referência: Língua Portuguesa 4ª série do Ensino Fundamental. disponível em: http://portal.inep.gov.br/web/saeb/matrizes-dereferencia-professor e http://provabrasil.inep.gov.br/.

________. *Provinha Brasil*: Matriz de referência para avaliação da alfabetização e do letramento inicial. Disponível em: http://provinhabrasil.inep.gov.br/.

COLL, César; MARTÍN, Elena. *Aprender conteúdos & Desenvolver capacidades*. Porto Alegre: Artmed, 2004.

CORACINE, Maria José (Org.). *O jogo discursivo na aula de leitura*. Campinas: Pontes, 1995.

COSCARELLI, Carla Viana; RIBEIRO, Ana Elisa (Org.). *Letramento digital*: aspectos sociais e possibilidades pedagógicas. 3. ed. Belo Horizonte: Ceale/Autêntica, 2011.

COSTA, Marta Morais da. *Sempreviva, a leitura*. Curitiba: Aymará, 2009.

ILARI, Rodolfo. *Introdução à semântica*: brincando com a gramática. São Paulo: Contexto, 2001.

KLEIMAN, Ângela. *Leitura*: ensino e pesquisa. Campinas: Pontes, 1989.

________. *Texto & Leitor*. Campinas: Pontes, 1995.

________; MORAES, Silvia e. *Leitura e interdisciplinaridade*. Campinas: Mercado de Letras, 1999.

KOCH, Ingedore G. V. *A Coerência textual*. São Paulo: Contexto, 1991.

________; BENTES, Anna Christina; CAVALCANTE, Mônica Magalhães. *Intertextualidade*: diálogos possíveis. São Paulo: Cortez, 2007.

________; TRAVAGLIA, Luiz C. *Texto e coerência*. 4. Ed. São Paulo: Cortez, 1995.

LAJOLO, Marisa; ZILBERMAN, Regina. *Das tábuas da Lei à tela do computador*: a Leitura em seus discursos. São Paulo: Ática, 2009.

MACEDO, Lino de; ASSIS, Bernardete A. (Org.). *Psicanálise & Pedagogia*. São Paulo: Casa do Psicólogo, 2002.

MACHADO, Nilson José; MACEDO, Lino de; Arantes, Valéria Amorim. *Jogo e projeto*. São Paulo: Summus, 2006.

MARIA, Luzia de. *Leitura & Colheita*: Livros, leitura e formação de leitores. Petrópolis: Vozes, 2002.

MARTINS, Maria Helena. *O que é leitura*. São Paulo: Brasiliense, 2004.

PERRENOUD, Philippe. *Construir as competências desde a escola*. Porto Alegre: Artmed, 1999.

ROJO, Roxane; MOURA, Eduardo (Org.). *Multiletramento na escola*. São Paulo: Parábola, 2012.

SCHNEUWLY, Bernard; DOLZ, Joaquim. *Os gêneros orais e escritos na escola*. Tradução e organização de Roxane Rojo e Glaís Cordeiro. Campinas: Mercado de Letras, 2004.

SOLÉ, Isabel. *Estratégias de leitura*. Porto Alegre: Artmed, 1998.

ZILBERMAN, Regina da Silva (Org.). *Leitura*: perspectivas interdisciplinares. São Paulo: Ática, 1999.